心を紡ぐ心

親による乳児の心の想像と心を理解する子どもの発達

篠原郁子 著
Ikuko Shinohara

ナカニシヤ出版

まえがき
―赤ちゃんの心はどこにあるのか―

　ある日，病院の混み合う待合室で，椅子に掛けて待つ人々を眺めていた。すると，小さな赤ちゃんを抱いた母親の声が聞こえてきた。
　「ねぇ，まだ銀行あいているかしら？」
　あたりを見回したが，母親の周りに大人はいない。母親は，抱いている赤ちゃんに向かって，問いかけていたのだ。
　これはもちろん，母親の独り言だったのかもしれないし，まして，返事を期待した問いかけではなかったのだと思う。赤ちゃんを育てている親にとっては些細な，何気ない言葉かけであっただろう。しかし私にとっては，大きな驚きであった。「なぜ，赤ちゃんに銀行の営業時間を聞くのだろう？」「赤ちゃんはそんなこと知っているわけないのに…」。そんな疑問がむくむくと湧き，強く記憶に残る出来事となった。
　当時，教育学部に通っていた私は，発達心理学を専攻し，子どもの社会的な発達や親子関係に関心を持ちながら学んでいた。講義の中で，乳児が Infant と呼ばれることを学んだ。Infant の語源はラテン語で，「〜しない」を意味する in と「話す」を意味する fabula からなるという。つまり乳児は，「もの言わぬ存在」と名付けられたことになる。確かに赤ちゃんは，1歳の誕生日を迎える頃まで言葉を話すことはない。しかし，赤ちゃんを育てている親にとって，赤ちゃんは本当にもの言わぬ存在なのだろうか。先に待合室で見かけた母親にとって，赤ちゃんは母親の声を聞き，笑顔やあどけない声で返事をしてくれる話し相手であったのではないだろうか。
　発達心理学において，幼い子どもの育ちの様相を明らかにすることは，今も昔も大きな研究テーマである。生まれたばかりの新生児は何ができ，何ができないのか。その後1歳になると，さらに2歳になると何ができるようになるのか。言語の理解や使用，概念の理解など様々な能力について実験や観察が行われ，発達のタイムスケジュールが明らかにされてきた。

特に近年は，研究手法の発展が目覚ましい。例えば，乳児の視線の動きを計測する技術が普及し，乳児が見ている対象の特定や対象を見つめる時間を測ることが容易になった。視線の計測結果は，乳児が特定の特徴を持つ対象を好んで見つめることや，複数の対象を明確に区別する能力があることを教えてくれる。さらに現在，子どもの脳に注目した研究手法も進んでいる。非侵襲的な脳活動の計測技術が開発され，乳児の脳がいろいろな人の声や顔の違いに反応することがわかっている。そして，乳児たちが，旧来考えられていたよりも高い理解力や反応を示し，大人以上の弁別力や反応を示す領域があることも分かってきた。

最新の技術と科学的検討に基づく「有能な赤ちゃん」の発見は，世間からも広く注目されている。多くのメディア，特にテレビのバラエティー番組でも取り上げられるようになり，赤ちゃんの驚くべき姿を紹介する特集を見た方も多いだろう。こうした最新知見は，赤ちゃんへの関心を高め，幼い命の素晴らしさを認めて尊重する態度の育成にも貢献しているのだろうと感じる。特に，子育て中の親にとって，科学的研究がもたらす知見は，赤ちゃんの頭の中，心の中で起こっていることの一端を示してくれるものとなっているだろう。

しかし一方で，親たちも日常的に，赤ちゃんが感じていること，して欲しいことを感じ取っていると思われる。親たちは，まるで赤ちゃんの声を代弁するかのように「うれしいね」「こっちの玩具の方が好きね」などと，赤ちゃんの状態を言葉にしている。当然ながら，親たちは視線計測器や脳活動の測定機器を持ち歩いているわけではない。しかし，親は日常的に乳児の心の中や頭の中の状態を読み取り，言語化しながら，乳児とコミュニケーションをしている。

このように親たちが読み取る乳児の心の状態は，もしかすると，視線計測や脳活動計測では測ることができないものなのではないだろうか。というのも，親や乳児と向き合う大人を観察していると，例えば，乳児が右手を少し挙げたのに対して「ご挨拶してくれたのね。バイバイ」と声をかけ手を振り返すといったことがある。つまり，乳児には本当はまだ挨拶という意図がなかったとしても，乳児の行為を見る大人は，乳児の意図を編み出し，まるで挨拶をしているかのように乳児とやりとりをしているように思われるのだ。客観的な科学の眼で見ると，乳児が挨拶をするという意図や社会的慣習を身につけているとは言

えないだろう。しかし，乳児とやりとりを交わす者の，主観的な眼には，乳児の行為は実態以上に様々な意味を持つものとして見えてしまうのではないだろうか。

　本書は，子育てをしている親にとって，赤ちゃんはどのように見えているのかという，親の主観に焦点をあてた研究をまとめたものである。赤ちゃんは，実際には大人と同じような意図や感情をまだ持っていないかもしれないけれど，ついつい赤ちゃんのそれに目を向けてしまう親に着目して論を進めていく。そして，親たちの主観的な解釈が，子どもをやりとりの中に招き入れ，やがては自分や相手の心を理解するようになる子どもの発達を支えているのではないかという筋道を考えてみたい。乳児を見つめる親の心が，まだ幼い乳児の中に心の存在を見出し，乳児の心の発達を支えるのではないか。こうしたテーマを「心を紡ぐ心」というタイトルに込めた。

　もの言わぬ赤ちゃんの心を，豊かに紡ぎ出す親の心。この不思議な現象を始点として，子どもが心というものへの理解を進めていく社会的環境について考えていきたい。

目　次

まえがき―赤ちゃんの心はどこにあるのか―　　i

第 1 章　心を紡ぐ親，心を理解する子ども ―――――― 1
　第 1 節　社交的な赤ちゃん　　3
　第 2 節　大人が築く赤ちゃんとのやりとり　　6
　第 3 節　心を理解するという発達　　11
　第 4 節　親子関係と心の理解の発達　　17
　第 5 節　親子間のアタッチメント　　20
　第 6 節　親が見つめる子どもの心　　24
　第 7 節　MIND-MINDEDNESS（MM）とは　　30
　第 8 節　本書の目的　　34

第 2 章　母親が持つ「乳児の心に目を向ける傾向」 ――― 47
　第 1 節　乳児の心をどう見ているのか　　49
　第 2 節　MM を測定する実験　　50
　第 3 節　母親の MM という特徴と個人差　　53
　第 4 節　MM と子どもへの養育行動　　57
　第 5 節　MM 個人差を規定している要因　　64
　第 6 節　まとめ　　72

第 3 章　縦断研究（前半）：母親の「乳児の心に目を向ける傾向」と乳児期の発達 ―――――― 75
　第 1 節　親子の長期縦断研究　　77
　第 2 節　母親の MM と乳児への養育行動　　80
　第 3 節　母親の MM と乳児期の心の理解の発達　　88

第4節　乳児期の調査のまとめ　102

第4章　縦断研究（後半）：母親の「乳児の心に目を向ける傾向」と幼児期の発達 ─── 105
第1節　MMによる幼児期への影響　107
第2節　母親のMMと幼児への養育行動　109
第3節　母親のMMと幼児期の心の理解の発達　114
第4節　幼児期の調査のまとめ　134

第5章　子どもを見つめる母親の発達 ─── 137
第1節　乳児へのMMとその後　139
第2節　幼児の心をどう見ているのか　142
第3節　母親の縦断調査：乳児期と幼児期の比較　145
第4節　母親が示す幼児の心の見方と幼児の発達　151

第6章　生後5年間の縦断研究から ─── 155
第1節　縦断研究から得られた結果のまとめ　157
第2節　MMは豊富であればあるほどよいのか　173
第3節　課題と展望　178

付　記　187
おわりに　189
引用文献　193
索　引　205

第 1 章

心を紡ぐ親，心を理解する子ども

この章ではまず，乳児と大人のやりとりの特徴を概観する。誕生時における乳児の姿に着目するとともに，乳児に対して大人が示す，ごく日常的な行動の意味について考えてみたい。

第1節　社交的な赤ちゃん

　ヒトの乳児は，誕生時から高い感覚機能を備えており，視覚をはじめ，聴覚や触覚，味覚などが発達している。乳児はそれらの感覚機能を用いて，周囲の環境について感知し，探索し，反応をする。中でも，乳児が好んで反応をする刺激がある。それは，社会的刺激，すなわちヒトという存在である。

　乳児が見せるヒトへの特異的な反応について，代表的な例にFantz（1961）の実験がある。Fantzは，乳児にヒトの顔，同心円，新聞の活字，無地の色紙といった図版を見せた。そして，乳児がそれぞれの図版刺激を見つめる時間（注視時間）を比較した。その結果，乳児は，無地の刺激よりも柄がある刺激を長く見つめ，中でも，ヒトの顔の図版を最も長く見つめることが明らかとなった。生後わずか2日に満たない乳児でさえ，ヒトの顔に対する長い注視を示すことが見出されている。乳児が特定の刺激を好んで長く見つめるという「選好」を利用した実験法は「選好注視法」と呼ばれる。もの言わぬ乳児であっても，視線に着目することで，乳児がヒトの顔をその他の刺激よりも好む様子が見えてきたのである。生活場面においても，乳児が親やきょうだいの顔を熱心に見つめる様子が頻繁に観察される。乳児は早くから，周囲のヒトとのやりとりに開かれた状態にあると考えることができるだろう。

　他者の顔を見つめるという点については，乳児の姿勢も興味深い特徴となっている。ヒトの乳児と他の霊長類の乳児の姿勢を比較すると，ヒトの乳児は特に，あおむけの姿勢を安定して保つことができるのだという。ヒト乳児の姿勢自体が，発達早期から顔と顔をつきあわせる対人やりとりを構築する条件になっているのかもしれない（竹下，2009）。さらに，あおむけで他者と向き合う姿勢を持つヒトの乳児は，他の霊長類と比較して母親と「見つめあう時間」が長いのだという。密なる見つめあいというヒトに特徴的なやりとりが展開されることが，顔の認識など，ヒトへのさらなる理解を深める環境になっていると

も考えられる（明和，2006）。

　また，乳児はヒトの顔だけでなく，声にも特異な反応を見せる（Condon & Sander, 1974）。乳児に人の声や機械音，雑音などを聞かせて反応を観察した実験によると，生後2日以内の新生児でさえ，人の声を聞いているときに最も活発に音に同調させて身体を動かすという特徴があったという。乳児は，もの言わぬおしゃべり好きなのかもしれない。

　ヒトの声の中でも，特に情動を帯びた声に対する乳児の反応は面白い。Sagi & Hoffman（1976）は，テープに録音された他児の泣き声を新生児に聞かせると，自身の身に変化が起こったわけではないにもかかわらず，新生児が泣き出すことを見出している。さらに Martin & Clark（1982）は，新生児に他の乳児の泣き声，自分自身の泣き声，チンパンジーの泣き声を聞かせるという実験を行っている。その結果，新生児は，チンパンジーや自分ではなく他の乳児が泣いている声を聞いた時に，最もよく泣くという反応を見せたという。

　こうした他者への「応答的な泣き」は，より年長の乳児についても認められる。例えば Hay, Nash, & Pederson（1981）は，6ヵ月児のペアの遊び場面を観察し，片方の乳児がむずかり出すと，その後，もう一人の乳児も同じようにむずかり出すことを見出している。これらの反応は，他者の情動的表出につられてそれと同様の情動状態になってしまうという意味で「情動伝染（emotional contagion）」と呼ばれている。実験場面以外でも，例えば病院の待合室で，壁の向こうから他児の泣き声が聞こえると，待合室の乳児たちも次々にぐずり出すということがあるだろう。

　では，乳児は他児の泣きから他児が感じた苦痛を感じ取り，それに共感して自身も泣き出してしまったのだろうか。例えば Hoffman（1976）は，乳児が示す他者への応答的な泣きを，後に発達する共感の発達的基盤であると考えている。しかしながら，乳児期における情動伝染自体は，そういった他者に対する高度な理解に基づくものではないようだ。それはむしろ泣きという「形」の同期であり，ただ身体的に他者と同じ形になるというレベルであるらしい。この意味で，応答的泣きという情動伝染は「共鳴動作」の1つとも考えられている。

　「形」の伝染に関連して，さらに，乳児は他者の顔の動きに対しておもしろい反応を見せることが知られている。Melzoff & Moore（1977）は，大人が舌を

出したり，口をあけたり，すぼめたりすると，新生児が同じように舌を出したり口をあけたりという「模倣」をすることを見出した。生後数分の新生児でさえも，大人の顔の動きの真似を見せることが報告され（Melzoff & Moore, 1983），これは「新生児模倣」と呼ばれている。

　この行動が生後直後の乳児に認められることに着目する必要がある。新生児には自分の顔の動きを鏡に映してみることはおろか，他者の顔を見る経験も制限されている。したがって，乳児が自分の舌や口を動かすという練習によって様々な表情のイメージを持ち，さらにそれを大人の表情と対応させて表出していると考えることは難しい。さらには人がいろいろな表情をするのを見て「真似してみよう」という意図を持って行動しているとも考え難い。新生児が見せる模倣は経験に基づく学習によるものではなく，Melzoff（1983）らはこれを生得的な模倣能力であると考えている。新生児には，他者が口や舌を動かすという視覚的な情報にふれると，模倣するという意図を介さずに，半ば自動的に自身の舌や口，頬の筋肉が動いて見たものと同様の形をとるという特徴があるようである。そしてこれも，先にふれた共鳴動作の一種であると考えられる。

　一方，乳児自身が見せる顔の動きにも特徴がある。新生児がまどろんでいるとき，にっこりとほほ笑む様子が観察される。これは新生児微笑と呼ばれるが，実は，乳児がおもしろいものごとを見たり聞いたりしたことに対する笑顔ではない。それはむしろ，顔の筋肉の収縮による，「笑顔のように見える」ものだと考えられ，内発的微笑（あるいは生理的微笑）と呼ばれている（Emde, Gaenbauer, & Harmon, 1976）。乳児が視覚的，あるいは身体的刺激などに対して見せる微笑は，生後2ヵ月頃から見られるようになり，これは外発的微笑と呼ばれている。その後，3ヵ月頃には特にヒトに向けられた社会的微笑が見られ，生後5ヵ月頃には，より親しい相手にほほ笑むというような対象の分化が進む。

　新生児微笑は，後の社会的微笑と比較すると，何かに対する肯定的評価を伴うものではなく，また，特定の相手に向けられた信号でもない。笑顔のような顔の形は（先にふれた新生児模倣，あるいは情動伝染と同様に），乳児の意図や，感情の存在を伴ったものとは考えにくい。しかしながら，乳児に接する大人，特に養育者にとっては，乳児があたかも，大人と同じように世界を楽しみ，そ

れを表現し，共感する能力を持っていると感じられるのではないだろうか。乳児が生得的に備えた，あくまで身体行動レベルでの特徴であっても，そこにやりとりの相手が存在するならば，乳児の行動自体と，それが相手にどのように受け取られるかという点には，大きなギャップが存在する。このギャップを生んでいるもの，すなわち，乳児の表出を受け取った者による，ある意味では過剰な解釈は，先述の新生児微笑や情動伝染にも共通して見られることであろう。そこで次に，乳児と向き合う大人の側に視点を移そう。

第2節　大人が築く赤ちゃんとのやりとり

1．赤ちゃんを見つめる大人の目

　Adamson（1995/1999）は，乳児と大人の社会的やりとりにおいて，乳児の行動には「有意味性（meaningfulness）」という特性があることを述べている。乳児の行動は，やりとりの相手にとっては常に，何か意味を持つものに見えるということである。例えば，乳児が玩具のほうに小さな瞳を向ければ，大人はすぐに「これが欲しいの？」と話しかけ，玩具を引き寄せてあげるだろう。これまで，乳児と大人のやりとりに関心を向ける多くの研究者は，大人が幼い乳児の行為を意味付け，解釈する行為について報告してきた。ここでは各研究者が用いた表現を尊重しながら，そのいくつかを紹介したい。

　Kaye（1982/1993）は，母子相互作用の観察に基づき，母親は，乳児の行為が何を意味するのかを「わずかなデータを膨らませて」，「盛りだくさんに推量」していると述べる。どうやら母親には「過剰な解釈癖」があり，親が子どもの行為を完成させ，子どもの身ぶりやぐずり声も「一人前の言葉として扱う」という特徴があるようである。こうした母親の様子は，幼い乳児のまだ未熟な視線や行動を，「自分たちの母国語に翻訳する」通訳者として描かれている。

　Trevarthen（1988）もまた，乳児の行動に意味を与え解釈をする大人の姿を「意味の管理人」という印象的な表現で表している。乳児の行為に意味を与えること，さらには，どのような意味であるかを考え，時には創り出し，子どもに伝え返していくという大人の姿が注目されているのである。

　乳児と大人のやりとりの中で観察されるこうした大人の特徴について，

Adamson（1995/1999）は，Vedelaer（1987）を引用して次のように述べている。やりとりにおける子どもの意図はまず，子どもの行為に進んで意味を与える大人の中にあり，乳児はあたかも（as-if），意図的なコミュニケーターであるかのように扱われていくのではないか，というのである。そして旧来，乳児の行為の意味と意図を，乳児の発達状態よりも進んだ形で大人が解釈することが，少なくとも2つの意味で，乳児の発達に寄与すると考えられてきた。1つは，大人のこうした解釈が，乳児と大人の社会的関係の構築に必要不可欠であるという視点である。もう1つは，大人が乳児に与える意味と意図が，やりとりの中で乳児と大人の双方に共有されることによって，実際の乳児の意味ある行動と意図的伝達の発達を支えるのではないか，という見方である。以下，この2つの点を詳細に見ていく。

2．赤ちゃんとのやりとりを築く

　1点目について，例えば先述の新生児微笑に対する大人の反応が例に挙げられる。新生児微笑は生理的微笑とも呼ばれ，その表情には実際のところ，乳児の肯定的状態という意味や，他者への伝達の意図もないと考えられている（Emde et al., 1976）。しかし，その微笑らしき表情は，養育者にとって必ずしも，後に発達する社会的微笑と区別されるものではないのかもしれない。養育者にとって，にっこりとほほ笑む乳児の笑顔は，強烈なコミュニケーション行為となる。新生児微笑は大人によって日常的に，「うれしさ」や「ごきげん」を表すという意図で満たされることになる。同様に，乳児が養育者の顔をじっと見つめるとき，それがたとえヒトの顔刺激に対する視覚的選好であったにせよ，見つめられた養育者にとっては自分だけに向けられた意図的なコミュニケーション行為として映りうるだろう。

　先に見てきたように，幼い乳児が示すいくつかの行動バリエーションは，大人が期待するほどの意味を伴ったものではなく，また，それを大人に向かって意図的に示そうとするものでもない。しかし，乳児の行為はそれを見る大人によって，実際以上の意味を与えられることになる。そして，乳児自身が言葉を話すようになるずっと前から，大人によって意味を言語化され，通訳されているのである（Bruner, 1983; Adamson & Bakeman, 1984）。こうした大人の振る

舞いは，乳児とのコミュニケーションの構築そのものになっていると考えられる。つまり，乳児自身は大人とのやりとりに向けた意味や意図を持っていなかったとしても，大人が乳児を社会的相互作用の文脈に巻き込んでいくのである。

こうした大人と乳児，特に親子のやりとりの形について，生後半年くらいまでは「乳児と親」という2者間のやりとりが中心に展開される。親と子は見つめあいやほほ笑みあいといった2項やりとりを行うが，やまだ（1987）はこの時期の親子の特徴を，互いの情動が伝染的に通じ合う「うたう関係」と呼んでいる。そしてその後，親子のやりとりは，ぬいぐるみやボールなどの「もの」や「こと」についてやりとりを行う3項関係へと広がっていく。親と子は，ある対象について話したり，触ったりしながらやりとりをするようになる。やまだ（1987）はこれを「並ぶ関係」と呼び，子どもと親がともにある事象を見つめ，その対象についてやりとりをするようになる発達を示している。

親による乳児の行為の解釈は，早期において特に，ほほ笑みや視線の解釈という形で2項関係内に認められ，対面的なやりとりの構築と維持に寄与している。さらにその後，3項やりとりへの展開にかけて，親の解釈はより印象的に認められるようになる。というのも，大人による乳児の行為の意味付けがなければ，乳児が大人と一緒に対象物に焦点を重ねる3項関係は始まらないと思われるのである。大人が，乳児の視線を「対象に向けられたもの」として解釈し，乳児の発声に「対象物に向けたもの」という意味を付与しながら行動することは，3項なやりとりを構築する足場になっている（Bruner, 1975: Wood, Bruner, & Ross, 1976）。

実際に，乳児同士のやりとり場面と，大人と乳児のやりとり場面の双方における乳児の行動を比較した研究からは，同じ乳児の行動も場面によって大きく異なって見えることが指摘されている（Adamson & Bakeman, 1985）。乳児同士では，互いがやりとりをしているようには見えず，一方，大人と一緒にいる乳児は，大人と対象への注意を共有し，やりとりをしているように見えるというのである。つまり，大人による足場が存在しなければ，乳児の行動はコミュニケーション行為として見えないのだという。やまだ（1987）が示す「並ぶ関係」においても，発達早期には親の方がまず，乳児の隣に並ぶのだろう。大人

による足場の提供が，乳児をやりとりという文脈に位置付け，そこでのコミュニケーターとしての振る舞いを可能にし，あるいはそうであるかのように見せているのだと考えられる（Bruner, 1983; Trevarhen & Hubley, 1978; Adamson & Bakeman, 1984; Hodapp, Godfield, & Boyatzis, 1984）。

3．社会に埋め込まれる赤ちゃん

　乳児の姿を養育者などやりとりの相手との関係の中でとらえる視点は，Vygotskyの発達理論に大きく影響を受けている。ロシアの心理学者Vygotskyは，子どもの発達を社会文化的な文脈でとらえる理論の提唱者として知られる。この理論において，子どもは社会的な実践活動に参加しながら発達していく存在であると論じられている。子どもは社会に埋め込まれて発達すると考える時，上で見てきた乳児に対する大人の解釈と意味付けは，「大人が子どもを社会に巻き込んで育てる」という点で大きく関係している。Vygotskyの理論は，必ずしも乳児のみを対象にしたものではないが，そこで描かれる子どもの発達とそれを支える社会的環境との関係は，乳児期においても認められるものだと考えられる。

　特にVygotskyは，子どもが自分よりも発達的に進んだ状態にある他者，すなわち，大人とのやりとりを持つことに注目していた。そして，子どもは1人では達成することが難しい事柄を，まずは大人との共同作業によって経験している点が重視されている。つまり子どもは，ある活動を大人と一緒に共同して行う。そしてその次に，子どもはその活動を自分一人で行うのである。Vygotskyによると，子どもの発達は，他者との間，すなわち「精神間」にてまず起こり，次に，子ども個人の中で，すなわち「精神内」で起こると考えられるのである（Vygotsky, 1978）。

　乳児に対する大人の解釈という行為に着目した研究の多くに，Vygotskyが提案するモデルに依拠した子どもの発達プロセスが関連している。他者と意図的に関わり意味を共有するという姿は，最初は「やりとりをしているかのように」子どもを扱う大人との間に起こり，やがてその後，子ども個人の内部に育まれていくのである。大人が乳児をやりとりの文脈に位置付けるという役割は，教育的要素を含んだモデルとして描かれることが多い。こうした視点に

立った研究者は，乳児を「文化的な見習い」（Miller, 1981; Rogoff, 1990）に例え，大人を「家庭教師」（Bruner, 1972），「先生」（Miller, 1981）あるいは「案内者」（Rogoff, 1990）と呼ぶのである。

4．赤ちゃんを人間にする

このように，大人が乳児の行為に対して行う解釈は，1点目に乳児とのやりとりを構築することに貢献していると考えられる。そして2点目に，そうやって構築されたやりとりの経験が，乳児が意図的に他者と関わり，他者と意味を共有することができる存在になることを促すと仮定されてきた。特にKaye（1982/1993）は乳児を「人間見習い」とし，「母親は，赤ちゃんをひとりの人間にしようとしている」と述べている。

ここでいう人間という言葉についてKayeは，Heider（1958）やTagiuri（1969）を引用して説明している。我々は相手の意図，動機，感情，信念を理解していると感じることによって，相手を人間として理解しており，逆に，相手がこちらのことを人間だと感知するときも，同じことが言えるだろうというのである。

では，乳児と大人は，互いに相手をどのように理解しているのだろうか。大人は，乳児に意図，動機，感情，信念を「与え」，それらを理解しているという立場に立つことで，乳児を一人の人間であるかのように扱っているのではないだろうか（「as-if」の構造）。だからこそ，大人は乳児をパートナーとしたやりとりを展開させうるが，発達早期においてはその逆，つまり乳児が我々のことを同じように理解しているとは言い難い。乳児と大人のやりとりは，言語や身ぶりの使用というコミュニケーションスキルの違いから，非対称であると表現される（Rogoff, 1990）。しかし，コミュニケーションスキルとしての言語や仕草だけではなく，相手の理解の仕方にも，非対称性が存在する。それでも，非対称性を含みながら大人が幼い乳児をやりとりに巻き込んでいくことが，乳児の発達を促すこととなり，乳児と大人をやがて対称な関係へ導いていくと考えられるのである（Newson, 1978; Shotter, 1974; Bruner, 1983; Harding, 1984; Kaye, 1982/1993）。

ただし，大人による乳児の行為への解釈とそれに基づくやりとりの構築は，必ずしも大人による一方的なものではないことに注意する必要がある。

Adamson (1995/1999) が言うように, いくら乳児の養育者であっても「火のないところに煙は立たない」。乳児が, この節の前半で示したようなヒトに対する選好や共鳴動作, 生理的微笑などの行動レパートリーを備えているからこそ, 大人はそれに意味を与えることができるのだと考えられる。ただし Kaye に言わせると, 多くの親は「だまされて」乳児をコミュニケーションパートナーとして扱うのであり, このことは「心理学の企業秘密にしておくべき」であるらしい (Kaye, 1982/1993, p.333)。

このように, 大人が乳児を意図や感情など心を持った人間であるかのように扱うことで, 実際にそうなることを促すという「as-if 仮説」は, 乳児に対する大人の特徴的な行為に着目した研究者によって, 数十年前から提案されてきた。では, 心を持った人間であるかのように扱われる乳児は, その後どのように発達していくのだろうか。乳児は成長し, やがては, 相手と意図, 動機, 感情, 信念を理解しあう対称な関係を導くことができるようになる。第 3 節では, 子どもが相手の心を理解するようになっていく発達について概観する。

第 3 節　心を理解するという発達

1. 心の理論を持つということ

心を理解するとは, いったいどのようなことを意味するのだろう。心は, 目には見えない。触ることもできない。色もにおいもなく, 重さもない。それでも我々は皆, 心なるものを持っていると思い, 他者とそれを交わしている。

人が心を持っている, という理解を示す指標について, 今から三十数年前, ある報告が世界中の心理学者の注目を集めることとなった。我々が「心の理論」なるものを持つことを示した有名な研究である。

心の理論という言葉は, Premack & Woodruff (1978) のチンパンジーを対象とした研究で用いられ, その後, ヒトを含めた様々な生物種に関する研究が進められることとなった。心の理論とは, 他者 (他個体) の行動を, 目的・意図・知識・信念・思考・好みなどの心の状態に基づいて予測・理解・説明することであるという。なお, 心の「理論」という言葉が用いられた理由について, 子安 (1997a) は,「(1)心の状態は直接に観察できる状態ではなく, 科学理論のよ

うに推論に基づいて構成される，(2)一度心についての理論を構成すれば，科学理論が様々な現象の生起を予測しうるのと同じように，それに基づいて他者(他の動物) の行動をある程度予測することが可能になる」という2点を示している。

　発達心理学者にとっての大きな問いは，我々ヒトがいつ頃，心の理論を持つようになるのか，というものであった。そしてこれまでに，子どもたちを対象とする多くの研究が実施されてきた。子どもが心の理論を持っているかどうかを問う研究では，その指標として，主に誤信念課題と呼ばれるものが用いられている（子安，1997b）。誤信念課題とは，他者が持っている信念に対する理解を問うものであり，特に，ある現実を見た場合と，見ていない場合とで，信念の内容は変わるという点がポイントとなる（Wimmer & Perner, 1983）。

　多くの研究で用いられるサリー・アン課題を例に挙げよう。この課題では，子どもに「サリーがボールを箱の中にしまった後，部屋の外に遊びにでかける。そこにアンがやってきて，ボールを箱からカゴの中に移動させてしまう。その後にサリーが部屋に帰ってくる。」というお話が呈示される。その後，子どもに「サリーは，ボールを箱とカゴのどちらに探しにいくかな？」という質問がなされる。サリーはボールが箱に入っていると思っているので箱の方へ探しにいくという，サリーの思い込み（信念）に基づく行動の予測ができれば正解となる。ここでのサリーの信念は，現実（実際には，今，ボールはカゴに入っている）とは異なるために「誤信念」と呼ばれている。我々は時に客観的な事実とは異なる「誤信念」を持ち，行為者は本人が抱いている信念に基づいて行動していることを理解することが，心の理論を持つことのリトマス紙として，多くの研究で問われてきたのである。

2．心の理解の発達プロセス

　現在までに，サリーアン課題をはじめとする誤信念の理解を問う多様な実験パラダイムが編み出され，様々な年齢の子どもたちを対象に実施されている。そして多数の研究結果から，一般的に4～5歳前後において，実験課題に正答するようになることが示されてきた。そこでこの時期に，心の理論が獲得されるという，研究者間の合意が得られている（e.g., Wellman, Cross, & Watson,

2001)。4歳頃になると、子どもは他者の行動を（自分ではなく）その人が思い込んでいることに基づいて予測できるようになること、特にそれを言語で表出できるようになることは、心というものの理解の発達の一大イベントとして、大きな注目を浴びてきたと言える。しかし、心の理論を持つことが、心の理解の全てなのだろうか。心の理論研究において、まずはその獲得時期の解明が進められてきた訳だが、徐々にその時期が明確になるにつれ、幼児期以前の子どもの発達についても関心が拡大している。そして現在、心の理論獲得は心の理解の発達（メンタライジング：mentalizing）の一過程として考えるべきであり、乳児期からの段階的発達を考慮する必要性が注目されている（O'Conner & Hirsh, 1999）。

以下ではこうした視点に立ち、乳児期から子どもたちがどのように、心の世界に対する気付きや理解を進めていくのかの概略を示すこととしたい。

(1) 認知的側面の理解

心の状態に含まれる、特に信念や欲求、思考や意図といった内容は、認知的側面と呼ばれることがある。ここではまず、子どもがいつ頃から、他者の心の認知的側面の理解を見せるのかを概観する。

馴化・脱馴化パラダイム[1]を用いた実験によると、生後1年目の中頃から、乳児は他者の行為がでたらめに生起するものではなく、行為の背後に意図や目標があることを理解し始めるようである。例えば生後6ヵ月児に、他者が手を伸ばしてある対象物を掴もうとする映像を見せて馴化させた後、手を伸ばす対象物が変化した映像を見せると、乳児はその変化に敏感に反応（脱馴化）する（Woodward, 1998）。生後6ヵ月頃の乳児は、他者が「特定の対象」に向けて手を伸ばしているという行為の目的を理解していると考えられる。

また、乳児期において注目される発達に、共同注意の成立がある（Baron-Cohen, 1995b）。共同注意とは他者と注意を共有する能力であり、その成立の

---

[1] 乳児に、ある刺激Aを繰り返し呈示し、刺激への注意が一定程度以下になるまで慣れさせる（馴化）。その後、新しい刺激Bを呈示する。もし、乳児が刺激Aと刺激Bの違いを検出すれば、乳児は刺激Bへの注意を復活させる（脱馴化）。刺激間の弁別能力を問うこうした実験パラダイムを馴化・脱馴化法と呼ぶ。

背景には他者がある対象に「ついて」注意を向けていること，つまり他者の意図性の理解が存在すると想定されている。それ故，共同注意の発現は，自他の心の交流の開始と考えられおり，そこに「心の理論の先駆体」(Tomasello, 1995)や「潜在的心の理論」(Bretherton, 1991) を仮定する向きもある。

　共同注意の発達について，他者の注意の在り処を示す手掛かりである視線や頭部の動き，指差しに乳児がどう反応するのかが調べられてきた。複数の研究から，乳児は生後9～10ヵ月頃から，他者の注意が注がれた方向に自らの注意を向けるようになると報告されている (Murphy & Messer, 1977; Butterworth & Jarreet, 1991; Leung & Rheinggold, 1981)。これより，生後9ヵ月頃が他者の注意理解の萌芽期と考えられているが，この頃は，自分の視野内にある対象に限定された注意の共有に留まるようである。その後，生後18ヵ月頃になると，自分の後方など視野外にある対象物に向けられた他者の指差しにも反応し，後ろを振り返って対象物を見ようとする。より広い空間において，他者の注意の対象を同定し注意を共有できるようになる (Butterworth & Jarrett, 1991)。

　こうした他者の注意の理解や共有が見られるようになると，生後12ヵ月頃には社会的参照という行動が表れる。これは，どう振る舞ってよいかが曖昧な状況，例えば新奇の対象物に対して接近すべきか回避すべきかが分からないとき，その対象に向けられた他者の評価を読み取ることで，自己の行動を調整するという現象である（遠藤・小沢，2000；小沢・遠藤，2001）。この社会的参照行動の成立には，自分がどうすべきか評価を決めかねている対象に，他者が同時に注意を向けていることの理解と，さらに，その対象に対する他者の表情から情動的評価を理解することが必要である。

　生後18ヵ月頃の乳児は他者の行為の意図を理解し始め，乳児に対して大人が未完遂の行為を提示すると，乳児はその行為の最終的な意図を理解し，行為を自ら完遂させるという (Melzoff, 1995)。乳児は，他者の行為そのものではなく，その行為が何をしようとしているのかという意図を理解するようになる。だからこそ，時に失敗する他者の行為を見た後でも，その行為の成功版を自ら行うことができるのであろう。

　さらに，子どもに言語使用が認められるようになると，子どもの発話にも心

の世界との交流が認められるようになる。例えば，子どもの日常会話を観察した研究からは，言語獲得から間もない2歳児が欲求に関する発話を行い，3歳になると思考や認知状態に言及することが見出されている（Bartsch & Wellman, 1995; Bretherton, 1991; Bretherton & Beegly, 1982）。また，2歳児が言葉や行動によって，他者が持っている知識や信念を操作しようとする，言い訳や欺き行動を見せることも指摘されている（Dunn, 1988）。欺き行動については，2歳児のそれはすぐに見破られるような，「かわいらしい」未熟なものである。しかし，3歳から4歳にかけて，より巧妙な行動へと発達するようである（Sodian, 1991）。

　幼児期に入ると，他者が持つ欲求や信念について理解が進む。他者の欲求について，早い例では，生後18ヵ月児が，他者は自分とは異なる好みを持つこと，そして，その他者の好みに基づいて他者が何を欲しているかを理解することが報告されている（Repacholi & Gopnick, 1997）。幼児期における心の理論の発達を段階的にとらえたWellman & Liu（2004）によれば，欲求の対象が人によって異なることを，子どもたちは遅くとも3歳頃までには理解するようである。そしてその後，先述のように，他者の信念，特に現実とはくい違うような思い込みといった誤信念に対する理解が，4歳から5歳にかけて進んでいくという。

　なお，誤信念理解に関して日本人幼児の課題通過の時期が欧米での報告に比べてやや遅れるという指摘もある（Naito & Koyama, 2006; Moriguchi, Okumura, Kanakogi, & Itakura, 2010）。ただし東山（2007）によると，Wellman & Liu（2004）で報告された心の理論の発達順序と時期は日本人幼児にも同様に認められ，3歳頃に多様な欲求の理解が，4歳から5歳にかけて信念理解が見られることが確認されている。

　さらに誤信念については，現在，乳児期を対象とする研究も実施されている。先述のサリー・アン課題などの誤信念課題は言語を用いる課題であるために，そもそも言語使用が可能となる以前の子どもたちは研究の対象にならなかった。しかし近年，言語に依存しない課題，例えば乳児の視線検出などを用いた実験パラダイムの使用により，より幼い月齢の子どもたちが示す誤信念理解を直接に問う研究が進んでいる。そして，1歳半（Onishi & Baillargeon, 2005），あるいは7ヵ月乳児（Kovács, Téglás, & Endress, 2010）が誤信念理解を示すな

ど，より潜在的な形で，乳児が他者の心を理解する可能性が示されている（Baillargeon, Scott, & He, 2010）。しかしながら，言語を用いた誤信念理解に関しては，やはり4〜5歳になって正答するという姿に変わりはない。乳児期と幼児期の間隔については現在も議論が続いている。乳児は受身的ないし潜在的に他者の誤信念を理解している可能性があり，幼児期になって他者の心の状態をより明示的に理解し，言語によって他者とその理解を共有できるようになるのではないかと考えられている（Onishi & Baillargeon, 2005）。

(2) 感情的側面の理解

　心の理解について認知的側面（意図，欲求や信念）と同様に，喜怒哀楽など感情に対する理解も重要な側面である。そして，他者の感情に対する理解もまた乳児期から幼児期にかけて漸次的に進んでいく様子が報告されている。そもそも乳児は，他者の感情に対して早くから高い感受性を備えている。第2節でふれたように，生後早期の乳児には，他者の泣きに接すると一緒に泣き出してしまうといった情動伝染という現象が認められる。これは他者の情動の理解というよりも，身体運動レベルでの同調作用であると考えられてはいるが，乳児が早くから情動の世界に開かれていることが窺える。

　他者の情動表出に対する理解について，実験研究は生後7ヵ月頃までに，他者の表情の区別（例：喜びと驚きの区別），あるいは感情を帯びた声の聞き分け（例：怒りと幸せの区別）が可能になることを見出している（Walker-Andrews & Dickson, 1997）。また，先に触れた，12ヵ月頃に認められる社会的参照も，他者の注意に対する理解とともに，感情理解の重要な指標でもあると考えられている（遠藤・小沢，2000；小沢・遠藤，2001）。

　生後2年目に入ると，自己意識の発達も伴い，自他の情動を区別した，他者の情動に対する理解が徐々に見られるようになる（Dunn & Kendrick, 1982）。この時期には泣いている他児への慰めや援助も見られ始める。ただしその方法は未だ自己中心的視点にとどまることがある。例えば，泣いている他児を慰めようとして自分の好きな玩具を手渡そうとする。方法としては未成熟であるものの，こうした行動は他者の感情を理解し始めたからこそのものと考えられよう。

また，言語発達が進む2歳頃には，子どもたちの会話の中に感情状態を示す語彙の使用が始まり（Bartsch & Wellman, 1995; Bretherton & Beegly, 1982），日常会話の中からも自他の感情への気付きが認められる。さらに生後3年目以降，感情に対する様々な理解が進む様子が実験結果から示されている。感情を表す語彙を獲得すると，様々な種類の表情画に対するラベリングができるようになり（Pons, Harris, & de Rosney, 2004），3歳頃には，笑った表情に対して「嬉しい顔」など，適切な命名が可能になる。ただし，ポジティブな表情の命名に比して，怒りや悲しみなど，ネガティブな感情間の区別はやや遅れ，5歳以降になるという様子が見出されている（Boone & Cunningham, 1998）。
　さらに，表出された表情の理解だけでなく，状況や文脈に基づいて，他者が抱く感情状態を推測する能力も発達していく。比較的単純な，プレゼントをもらうと「嬉しい」といった感情の推測は3歳頃から見られる（Denham, 1986；笹屋, 1997）。なお，他者の感情推測もポジティブな内容の方が早く，怒りや恐れなどの推測はやや遅れて4歳頃になるという（Lewis, 2007）。子どもたちが示す感情推測能力の段階的発達を検討したPonsら（2004）によると，単純で典型的な文脈情報を用いた感情推測の理解がまず進み，その後，他者が抱いている知識や，対象に対する個別の好みに基づいて，一人一人が感じる感情の推測も可能になっていくという。
　さらに5歳頃になると，他者の浮かべる表情と，実際に抱いている感情の相違の理解（本当は悲しいけれど，それを悟られないように笑顔を浮かべる，などの理解）が進む（Banerjee, 1997）。複雑で，場面によって流動的である感情について，幼児期の子どもたちは徐々に，その理解を深めていくのである。

第4節　親子関係と心の理解の発達

1．発達の一般性と個人差

　子どもたちは乳児期から徐々に，心の世界への理解を進めていく。それでは，心の理解の発達は如何なる機序により進行するのだろうか。例えば，先に取りあげた心の理論の獲得メカニズムに関して，複数のモデルが提唱されてきた。その主たるものとして，以下の3つが挙げられる。

モジュール説は多くの子どもがある年齢に達すれば普遍的に心の理論を獲得することに関して，それを可能にしている生得的なモジュールの存在を仮定している（Baron-Cohen, 1995a; Leslie, 1994）。一方，理論説では，子どもが他者との社会的経験に基づいて心に関する推論，理解を徐々に進め，それらを統合して心を理解する理論を能動的に形成していくと考えられている（Perner, 1991; Astington, 1993; Gopnik, 1996）。またシミュレーション説では，自分が他者の立場に置かれたときの内的状態を想像する，すなわちシミュレーションすることによって他者の心を理解するに至るとされている（Harris, 1992）。他にも言語能力の発達を重視する統語論説（de Villiers & de Villiers, 2000）や，実行機能の発達との関連に重目する説も示されている（Perner & Lang, 1999; Carlson, Mandell, & Williams, 2004）。これら心の理論の発達に関するメカニズムについては議論が未だ続いており，全ての理論的要素の集合体がより適切な説明をなしうるのではないかとも述べられている（Flavell, 2002）。しかし，初期の研究においてはその多くが，特にモジュール説に代表されるように，心の理解が個体内で如何に成熟し進行していくのか，すなわち何歳になれば何が理解できるようになるのかという普遍的，一般的な発達の里程標の解明に主眼を置いてきたと指摘できよう。

しかしながら，こういった研究動向に対し徐々に新たな展開が図られている。心の理論の獲得に関して，実際にはある一定の年齢に達すれば一斉に獲得されるという画一的なものではないことを示唆する研究結果も多いのである。例えば Jenkins & Astington（1996）は3〜5歳半の子どもを対象に誤信念課題を実施した結果から，心の理論の獲得は漸次的に進むものであり，加えてその進行具合には子どもたちの間で広範なばらつきが見られることを指摘している。これらの知見はすなわち，心的理解の発達の進行には無視することのできない個人差が存在することを指摘している。そして，心の理解に関する初期の研究が一般的な発達の姿の記述に関心を集中させていたことに対し，ほぼ等閑視されてきた発達の個人差に注意を向けることの重要性が示されるようになってきた（e.g., Bartsch & Estes, 1996; Dunn, 2001; Repacholi & Slaughter, 2003）。

2. 社会的環境への注目

心の理解の発達における個人差への注目は，個人差の先行因，他の社会的・認知的発達との関連，あるいは心的理解の差異がその後もたらす発達的帰結への関心などに拡大している。その中でも，心的理解の発達プロセスにおける個人差が如何なる要因により説明されるのかという問いについて，大きな関心が寄せられている。こうした流れの中でとりわけ注目されているものの1つが，子どもの心的理解の発達に社会的環境が与える影響である（e.g., Dunn, 2001）。

その背景には，心的理解の発達を個体内に閉じたものとする，すなわち子どもを文脈から切り離された，生得的なメカニズムに基づく孤独な学習者としてとらえることに対する疑問があると考えられる。子どもは日常生活において，他者（それは多くの場合，子ども自身よりも進んだ心的理解を有し，子どもと心的交流を持つ）との社会的関係性という文脈の中に生活しており，子どもが経験する周囲の環境との相互作用が持つ影響について，明らかにしていく必要が論じられてきたのである。

そしてこれまでに，社会的環境として家族やきょうだいに着目した研究が実施され，多くの知見が寄せられている。例えば子どもの家庭について，社会経済的地位（Cole & Mitchell, 1998），親の就労状態や母親の教育歴（Cutting & Dunn, 1999）などが子どもの心の理論課題の成績と関連することが見出されている。さらに，子どもと家族との社会的相互作用に関して注目に値するのは，家庭における内的状態に関する会話の多さ（Dunn, Brown, Slomkowski, Tesla, & Youngblade, 1991），きょうだいや，他の家族成員の多さ（Lewis, Freeman, Kyriakidou, Maridaki-Kossotaki, & Berridge, 1996; Jenkins & Astington, 1996; Perner, Ruffman, & Leekam, 1994），特に年上のきょうだいとのやりとりの豊富さ（Ruffman, Perner, Naito, Parkin, & Clements, 1998）などが心の理論課題の優れた成績と関連を持つことが示されていることである。内的状態をめぐる家族との会話，きょうだいの多さに必然的に伴う葛藤やその解決により，相手の内的状態を理解し，時にそれを操作することの経験が，子どもの発達に影響を与えていることを示唆するものと考えられよう（Dunn, 2001）。

しかし一方で，きょうだいの有無あるいは家族サイズに関わらず，殆ど全ての子どもは養育者との間に関係性を築く。その親子関係は子どもが経験する最

も早期の,そしてその後も連綿と続く非常に緊密な社会的環境であると考えられる。この特徴を踏まえると,当然ながら,養育者と子どもの2者関係が子どもの心の理解の発達に及ぼす影響も仮定されるだろう。そこで次に,心の理解の発達と親子関係に着目した研究知見を概観していく。

第5節　親子間のアタッチメント

　子どもの心の理論獲得と養育者の特徴の関連について,例えば,養育者による子どもの行動の制御方略やその質（Ruffman, Perner, & Parkin, 1999）,養育者が抱く子育てへの信念の特徴が子どもの誤信念課題の成績と関連することが報告されてきた（Vinden, 2001）。そして,親子関係に関して特に注目されてきたのが,親子間のアタッチメントと子どもの心の理解能力の発達の関連である。

1．アタッチメントとは
(1)　アタッチメント理論の背景
　養育者と乳児の間に構築される,心理的な経験を含んだ関係性を扱うものにアタッチメントがある。アタッチメントとは,乳児と養育者の情緒的な絆を示す用語として,しばしば広く用いられる。ただし,より限定的な定義として,この理論の提唱者であるBowlby（1969/1982）は,乳児が恐れや危険を感じた時,養育者の許に近寄りくっつこうとすること,それにより安心感を取り戻すこと,という説明を示している。初めての場所,見知らぬ人,大きな犬,窓の外に轟く雷音などは乳児を不安にさせ,乳児は養育者の方を振り向いて,抱っこを求めることだろう。養育者にしがみつくことで恐怖や不安は軽減され,乳児は「大丈夫,安全だ」という感覚を取り戻す。主たる養育者への近接,それを通した安心感や安全感の回復という経験を繰り返しながら,乳児は必要な時に自分を保護してくれる存在として,養育者への信頼感を確立していくのである。

　したがってアタッチメントとは,狭義としては,「不安や不快を感じた時に,他個体に接近,接触することで安心や安全感を取り戻すこと」と表すことがで

きるだろう。そして長期的には，子どもが不安の経験とその回復を，養育者との間で繰り返し経験していくことによって，養育者を安心感の源とする確信，情緒的絆が構築されている状態と考えられる（数井・遠藤，2005）。

　Bowlby はイギリスの児童精神分析家であり，また，第二次世界大戦後，世界保健機構の依頼により戦災孤児に関する調査も行っている。アタッチメント理論には，幼い時期に養育者や家族と築く緊密な関係性そのものが，子どもの心理的，身体的な発達にとって極めて重要であるという，臨床的な知見や経験が反映されている（Holmes, 1993）。

　さらに，アタッチメント理論には生物学的な視点，特に比較行動学（エソロジー）からの影響も強く見られる。例えば，生後間もなく母親から分離されたアカゲザル乳児を用いた Harlow らの一連の研究から，ヒトを含む多くの生物（特に幼体）にとって，他個体への近接がいかに中核的な意味を持つかが示されている。Harlow は，アカゲザル乳児が，哺乳瓶を備えた針金のお母さん人形よりも，ミルクはくれないけれども温かくて柔らかい布で覆われたお母さん人形の方に，より長くしがみついて過ごすことを実験的に示した（Harlow & Harlow, 1965）。これより，アカゲザル乳児にとって，ミルクを摂取するという目的よりも，お母さん人形にくっついているということ自体が重要な意味を持つことが示唆された。Bowlby はこうした知見に基づき，人間の乳児にとってもまた，主たる養育者との近接自体が持つ意味の大きさを強調している。

(2) **アタッチメントの形成プロセス**

　ヒトの乳児には，アカゲザルの乳児のように，生後すぐに自力で母親にしがみつくだけの身体運動能力が備わっていない。ヒトの乳児にとっては他者から近づいてきてもらうことが重要であり，そこには第 2 節でふれたような，共鳴動作，乳児が持つヒト刺激への選好といった特徴，およびそれに対する大人の反応のしやすさが鍵となっていると考えられる。

　乳児期中期以降，子どもに移動運動能力が発達すると，子どもは自分の力で養育者に近接することが可能になっていく。子どもにとってアタッチメントの対象となる養育者は，乳児にとって安心の拠り所，すなわち安全基地という意味を持つようになる。子どもは，不安や恐怖を感じることがあれば，安全基地

へと戻り，安心感を取り戻した後，再び世界へと出かけていく。必要な時には近接できるアタッチメント対象の存在が，同時に，乳児の自律的な探索活動を支えているのである。

なお，養育者の存在は次第に心の中へと内在化され，「アタッチメント対象は自分を保護してくれる」という確信が子どもの中に表象レベルで保持されるようになる（内的作業モデルの形成）。これにより，現実の身体的・物理的な近接関係は表象的近接へと移行していく。目の前に養育者の姿がなくとも，内在化されたアタッチメント対象との関係を基に，子どもは安心して過ごせるようになっていく。

(3) アタッチメントの安定性

Bowlby によって提唱されたアタッチメント理論は，子どもが養育者との間にアタッチメントを持つことが，乳児期のみならずその後の人生に亘る心身の健康な発達を支えることを強調したものであった。そしてその後，Ainsworth らにより，アタッチメントの安定性という質に着目した研究が展開されていく（Ainsworth, Bell, & Stayton, 1974）。アタッチメント関係の一般的な形成過程について上述したが，養育者への近接の仕方や，養育者が自分に対してどのように行動するかという信念には，個人差があると考えられるようになったのである。

その個人差を測定する方法に，ストレンジ・シチュエーション法という実験がある（Ainsworth, Blehar, Waters, & Wall, 1978）。養育者と乳児にとって新奇な場所（例えば，大学の実験室など）で，親子の分離場面とその後の再会場面を観察すると，乳児の反応には大きく3つのタイプが存在することが知られている。

Aタイプは養育者との分離時に抵抗や混乱をあまり示さず，養育者が部屋に戻ってくるという再会時にも大きな喜びや歓迎行動を見せることが少ない（回避型）。一方，Bタイプは分離時に多少の抵抗や泣きを示すが，その後比較的容易に落ち着きを取り戻し，養育者との再会時には喜んで養育者へと近寄っていく（安定型）。Cタイプは養育者が退出しようとすると激しく混乱して抵抗し，再会時には養育者との身体接触を強く求めるが，同時に叩くなど怒りの表出を

伴うことがある（抵抗/アンビヴァレント型）。

　親子間のアタッチメントを，安定型と不安定型（回避型・アンビヴァレント型）へと分類する手法が開発されたことから，アタッチメントに関する研究は，その安定性と，子どもの多様な認知的，社会的能力との関連を問うものが主流となっていった。そして，これまでに蓄積された多くの研究が，アタッチメント安定型の子どもは不安定型の子どもに比して，特に社会情緒的発達に優れ，良好な対人関係（友人関係など）を持つことを示している（Verschueren & Marcoen, 1999; Laible & Thomson, 1998）。さらに安定型アタッチメントを持つことは，タイプが測定された同時期だけでなく，その後の良好な社会的コンピテンスの発達と対人関係を予測することも見出されている（Grossmann & Grossmann, 1991; Elicker, Englund, & Sroufe, 1992）。そうした研究が重ねられる中で，アタッチメントの安定性と子どもが自他の心を理解するようになる発達についても，現在までに複数の関連が見出されている。

2．アタッチメントと心の理解の発達

　アタッチメントのタイプにより，心の理解が本質的に絡むような諸行動の発達，例えば子どものふり遊びの頻度や洗練さに差異が見られることが示されてきた（e.g., Belsky, Gurduque, & Hrncir, 1984）。ふり遊びは眼前にある現実状況（例：積み木）とは異なる別の表象（例：電話）を象徴すること，他者の「ふり」に対し相手の表象を理解することを伴うものであり，他者の心の理解能力の現れとして注目されている（e.g., Leslie, 1994; Perner, 1991; Harris, 1992）。そして，アタッチメント安定型の子どもは不安定型の子どもに比べて，ふり遊びにおける他者の視点の認識に優れ，それに沿った振る舞いをしやすいのだという（Slade, 1987）。さらに，内的状態の重要な側面である感情理解に関しても，アタッチメント安定型の子どもの方がより優れた能力を示すことが報告されている（Laible & Thompson, 1998）。

　そして，アタッチメントと心の理論の発達についても研究が実施されてきた。Fonagy, Redfern, & Charman（1997）は，3～6歳児を対象とする研究から，子どもの年齢を統制してもなお，アタッチメント安定型の子どもの方が不安定型の子どもよりも，心の理論課題において優れた成績を示すことを明らかにして

いる。なお，この Fonagy らによる研究はアタッチメントの安定性と子どもの能力の同時期相関を示したものであった。その後, Meins, Fernyhough, Russell, & Clark-Carter (1998) は，乳児期に測定されたアタッチメントのタイプと，その後の心的理解の発達との関連を縦断的に検討している。そして，1歳時に測定されたアタッチメントの安定性と，その後4歳時における誤信念理解能力，さらには5歳時における心の理解能力との間に有意な関連を見出している。他にもいくつかの研究により，発達早期に安定したアタッチメントを持つことが，後の心の理論の獲得と関係することが報告されている（Steele, Steele, Croft, & Fonagy, 1999; Harris, 1999）。

このように，1990年代後半に開始されたアタッチメントと心の理論の発達の関連を検討した研究は，子どもが発達早期から継続的に経験する養育者との関係性が，後の子どもの心の理解能力に影響する可能性を見出してきた。こうした知見は，自他の心の理解の発達について，子どもの個人内における成熟という点のみならず，他者との社会的相互作用の文脈の中でとらえる重視性を示唆している（Repacholi & Slaughter, 2003; Fonagy, Gergely, & Target, 2007）。

第6節　親が見つめる子どもの心

1．心の理解の発達を支える

前節では，アタッチメントと子どもの心の理解の発達に関連が認められるという知見を紹介した。それでは，安定したアタッチメント関係の中には，後の子どもの心的理解を促進するどのような要因が含まれているというのだろうか。多くの研究がまず着目したのは，子どもの養育者が持つ特徴である。その背景には，そもそも何がアタッチメント安定性の発達を規定しているのかが盛んに問われてきたという歴史がある。

(1) Sensitivity への注目

アタッチメントの安定性に基づくタイプ分類を考案した Ainsworth らは，安定性の形成過程，特に，養育者が与える子どもへの影響に関心を払っていた。その中で，最も早期に提唱され，今日まで注目されている養育者側の特徴が，

sensitivityである。sensitivityとは，養育者が乳児のシグナルに気付き，正しく解釈し，タイミングよく適切なやり方で反応する，という特徴と定義される（Ainsworth et al., 1978）。そして養育者が高いsensitivityを持つことが，子どもの安定型アタッチメントタイプの形成を予測する，という理論モデルを前提とした研究が多く行われてきた。

　子どもの心の理解能力の発達とアタッチメントの関連を問う研究においても，こうした背景から，まずは養育者のsensitivityの高さが注目されてきた。そこでは当初，安定したアタッチメント関係が築かれるプロセスと，子どもの心の理解の発達を促進するプロセスは重複すると考えられていた。その双方にとって重要な役割を果たすものとして，養育者が有する高いsensitivityが仮定されてきたのである（Fonagy et al., 1997; Meins, 1997）。

　しかしながら，sensitivity概念についてアタッチメントの予測力を見直す必要を示唆する声も徐々に高まりつつある。養育者のsensitivityと子どものアタッチメント安定性の関連を問う数多くの研究結果について，メタ分析を実施したところ，両者の間には想定されたよりも弱い関係しか見出されなかったのである（De Wolff & van Iizendoorn, 1997）。また，養育者自身が持つアタッチメントタイプが，その子どものアタッチメントタイプへと繰り返される「アタッチメントの世代間伝達」という現象が知られている。しかし，養育者の安定したアタッチメント表象が，子どもへの養育行動におけるsensitivityの高さを介して，子どもの安定型タイプの形成に寄与するという理論モデルの実証は，十分な成功をおさめていない（Pederson, Gleason, Moran, & Bento, 1998）。こうした背景から，子どものアタッチメントタイプの形成因として，養育者のsensitivityが持つ説明力は十分でなく，また，アタッチメント安定型の子どもが示す心の理解の優れた成績を，養育者のsensitivityによって説明することにも限界があると指摘されよう。

　sensitivity再考の議論で指摘されている課題の1つが「子どものシグナルを感知し，解釈し，適切に，タイミングよく反応する」という定義の多義性である。そこには，養育者側の知覚や行動，さらにはそのタイミングや内容といった多くの要素が含まれるため，どの特徴が中核的に重要なのかが明確でない（Claussen & Crittenden, 2000）。こうした議論の流れにおいて，複数の論者が

共通して養育者の「子どもの視点から物事を見る能力（see things from the child's point of view）」の重要性を強調するに至っている。この特徴はもともとAinsworthらがsensitivityの説明に用いたものであるが，子どもに対する行動的応答の前提として，養育者が持つ子どもに対する視点が注目されている。すなわち子どもが現在どのような状態であり，子どもは環境についてどう感じているのかを，子どもの視点からとらえる姿勢を養育者が持っていることが，より重要な意味を持つのではないかと考えられているのである。

そして，この点を重視したsensitivityの派生概念として，例えばFonagy & Target（1997）は，養育者が自他の内的な心の過程について思考する内省的な姿勢に着目し，これをReflective Function（内省機能：以下RF）と呼んでいる。そして，養育者がRFを幼い乳児にも向ける姿勢について研究を行っている。またOppenheimらは，養育者が子どもの行動を行為レベルではなく，その背後にある感情や思考といった動機について考えながら理解しようとする傾向に着目し，これをInsightfulness（洞察性）と名付けた（Oppenheim & Koren-Karie, 2002）。さらに，Meins（1997）は養育者が子どもの行動の背景にある心（mind）につい目を向けてしまう（minded）傾向に着目し，これをMind-Mindedness（以下MM）と呼んでいる。

これらの概念について，養育者を対象とする実際の測定が実施され，子どものアタッチメント安定性との関連が実証されている（Oppenheim & Koren-Karie, 2002; Meins, Fernyhough, Fradley, & Tuckey, 2001）。こうした知見から，sensitivityに代わり，養育者が子どもの心に目を向ける傾向が重視されているのである。

(2) アタッチメントを超えて：子どもの心に目を向ける傾向

このように，アタッチメントの安定性に及ぼす養育者側の要因として新たに「子どもの心に目を向ける傾向」が重視され，アタッチメントと子どもの心の理解能力の発達との関係を問う研究にも，新たな展開が起こっている。というのも，より近年の研究からは，子どもの心の理解の発達，特に心の理論の獲得に関して，アタッチメント安定性が直接的には関連しないことを示唆する結果が複数報告されているのである（Meins, Fernyhough, Wainwright, Das Gupta,

Fradley, & Tuckey, 2002; Ontai & Thompson, 2008; Raikes & Thompson, 2006; Oppenheim et al., 2005; Symons & Clark, 2000)。

　こうした知見を受け，子どもの心の理解発達への影響因として，アタッチメントではなく，養育者が子どもの心に対して有する見方という特徴そのものへと焦点が移行している（Fonagy et al., 2007)。そして実際に，養育者の特徴による子どもの発達への影響を直接的に検証する研究が複数行われている。例えば，Fonagyらが重視した養育者のReflective Functionについて，子どもが生後12ヵ月時に測定された母親のRFが2歳半時点での子どものふり遊びの能力を予測することが見出されている(Futo, Batki, Koos, Fonagy, & Gergely, 2004)。

　また，Meinsらも，母親のMind-Mindednessが子どもの心の理解能力に及ぼす影響を実証する試みを行っている。乳児が6ヵ月時に母親のMMを測定後，12ヵ月時に子どものアタッチメントタイプを，4歳・5歳時に子どもの心の理論能力を測定している。その結果，母親のMMの高さのみが後の子どもの心の理論獲得を直接的に予測し，一方，アタッチメント安定性は同様の予測力を持たないことが示されたのである（Meins et al., 2002; Meins, Fernyhough, Wainwright, Clark-Carter, Das Gupta, Fradley, & Tuckey, 2003)。

　他にも，乳児に対する母親のInsightfulnessが，後の子どもの心の理論獲得に寄与することを示す知見が報告されている（Koren-Karie, Oppenheim, Dolev, Sher, & Etzion-Carasso, 2002; Oppenheim et al., 2005)。このように，養育者が「子どもの心に目を向ける」という特徴自体が，子どもの心の理解能力の発達に与える直接的影響が重視されるようになっている。

2．子どもの心をどう見るか

　以上のように，子どもの心の理解の発達について，養育者が子どもの心に目を向け，働きかけることによる影響が現在注目されている。特に，FonagyのRF研究，あるいはMeinsらによるMM研究によって示された実証的裏付けから，こうした養育者の特徴は，子どもの心の理解の発達に及ぼす社会的影響の中核的説明の1つとなっている。

　それでは，母親が子どもの心に目を向けるという特徴は，どのようにして，子どもの心の理解の発達を促しているのだろうか。以下，RFやMMが子ども

に及ぼす影響について，それぞれの論者による理論的説明を見ていく。

なお，RF も MM もともに，アタッチメント研究における sensitivity の再考という過程で重視されるに至った概念である。したがって，命名された概念の名前こそ異なるものの，RF と MM が持つアタッチメント安定性への予測力，子どもの心の理解能力への促進的影響の類似点が強調されてきた。しかし，一見，同類に見える RF や MM という概念には，特に，子どもの心の理解能力に及ぼす影響において，異なるメカニズムが仮定されている点に着目したい。それぞれの概念に関する理論的説明において，養育者にはどのような役割があると考えられているのか，本書では各概念の相違点に注目しながら整理していく。

(1) Reflective Function の中核的要素

養育者の sensitivity を重視する見解では旧来，Ainthworth らのもともとの定義に従い「子どもの状態を正しく読み取る」ことが最も大きな意味を持つと想定されてきた。そして，こうした正しい読み取りが，子どもへの適切な行動，敏感な養育の前提であるという発想から，Fonagy らは Reflective Function（RF）を提唱している。

養育者が持つ RF の役割を詳しく見ると，子ども‐養育者間の間主観的プロセスが重視され，養育者が子どもの心の潜在的な状態を正確に把握し，それを子どもに正確に映し出す（Reflection）ことの重要性が主張されている。高い RF を持つ養育者は，乳児の内的状態について内省的に考え，解釈を行うという。養育者による子どもの状態についての読み取りは，続いて養育者が言語や表情で表現することで子どもへと伝え返されることになる。乳児は，養育者という鏡に映し出された言語や表情により，結果的に自分自身の心的な世界を見ることになる。ただし，もし養育者が読み取った乳児の状態が苦痛や不安であった場合には，そのネガティブな状態に対する何らかの対処法をも伴う形で，子どもへの映し出しが行われると考えられている。例えば，高い RF を持つ養育者が乳児の苦痛を読み取った場合，乳児の苦痛を「いやだったね，痛かったね」と言葉や表情で子どもに映し出しながら，一方で「大丈夫よ」という安心感を与える応答の仕方に調整しているのだという。

乳児が潜在的に持っている感情や欲求を正確に反映しつつ，しかし，特に否

定的感情については子どもを圧倒することのないように調整された形で養育者が映し出すことで，乳児は自己の内的状態に対応した養育者の反応を観察し探索する機会を得る。そして，自分自身の心的プロセスと，養育者が映し出した表情や内的状態を表す言語をゆっくりと対応させ，表象化することが可能になると考えられている。こうして，養育者の RF に基づく一連の読み取りと映し出しが，子どもに自分自身の内的状態を理解することを促進し，ひいては，他者の内的状態を省察するという子どもの RF の発達を促していくと論じられている（Fonagy, 2001/2008）。

この説明では，養育者の RF による，子どもの内的状態の探索ならびにその正確な読み取りが，子どもが自己を心的行為者として理解することを支える鍵とされている。子どもの内的状態と，養育者による読み取りの合致が肝要とされ，合致すなわち正確性があってこそ，養育者による映し出しという鏡映的関係が機能し，子どもは自分の内的状態を正確に知覚することが可能になると論じられる。したがって，この理論的説明においては養育者による読み取りの正確さという側面が，中心的役割を担っていると言えよう。

(2) Mind-Mindedness の中核的要素

Meins（1997）は，養育者の Mind-Mindedness（MM）について「子どもを心を持ったひとりの人間と見なす傾向」と定義している。そして，この MM が子どもの発達に及ぼす影響を論じる際，幼い子どもは内的状態を豊かに持っていると考える養育者の態度に着目してきた。特に，子どもへの心の帰属がなぜ子どもの発達に促進的に機能しうるのかという点について，精神機能の発達に対する社会的相互作用の重要性を示唆する Vygotsky 理論に依拠した説明が行われている。

第2節でふれたように，Vygotsky は高次精神機能の発達について，最初は対人関係における「精神間」に現れ，次いで個人内における「精神内」に現れるのだとする。そして，「精神間」から「精神内」への移行は，対人関係における相互作用の内在化プロセスを経て実現されるのだという（Vygotsky, 1978, 第2節も参照）。心的世界に対する子どもの理解が，養育者との相互作用の内在化によって促されると仮定するならば，親子の相互作用の在り方が子どもの

発達に影響すると考えられよう。

　この意味において，養育者の豊かな MM に基づく，発達早期から子どもが感情，欲求や意図といった内的状態を持っていると想定した働きかけは，子どもの発達状態に照らして実際よりもやや高めのところに働きかけている（すなわち子どもの潜在的な内的状態を，あくまで実態として存在する内的状態として扱う）と考えられる。そして，こうした働きかけが結果的に，子どもの心の理解についての「発達の最近接領域（Vygotsky, 1978）」を適切な形で刺激することになるのではないかと論じられている（Meins, 1997）。精神間における，つまり養育者が存在することで初めて展開が可能になる，子どもの実態に照らすとやや発達的に進んだ心的世界に絡む相互作用の経験が豊富であることは，その精神内への内在化をよりスムーズに，容易な形で可能にさせるという意味で，子どもの心的理解の発達にとって重要だと考えられるのである（Fernyhough, 1996）。

　したがって，この理論的立場においてより重要となってくるのは子どもの内的状態の正確な読み取りではなく，子どもの実態に照らすと時にやや「過剰」とも言える豊かな内的状態の帰属であると考えられよう。例えば，ある玩具に視線を向けている乳児に対して養育者が「あれで遊びたい」という欲求を読み込むといった様子が観察される。さらに，養育者が玩具を乳児の手に握らせた後，乳児の頭がわずかに傾いたならば「取ってくれてありがとう」という養育者に向けた感謝の気持ちを読み取る（あるいは，読み込む）ことがある。養育者によるこうした対話の創造は，日常場面でしばしば観察されるものである。そこには，子どもが実際に有している内的状態に照らしてやや進んだ，拡張された要素が含まれているとも考えられる。しかし，まさにこうした内的状態の豊かな帰属，それに基づく相互作用こそが，子どもの実態としての心的理解を引き上げるのではないかと想定されているのである。

第7節　MIND-MINDEDNESS（MM）とは

1．差異の中にある重要性

　このように，RF や MM など，養育者が子どもの心に目を向けることの重要

性を主張する一見同種の概念においても，その背景に想定された子どもの発達を支えるメカニズムは異なり，それぞれが強調する養育者の役割は大きく性質が異なるものだと考えられよう。そして，子どもが潜在的に有する内的状態の正確な読み取りと，あるいは実態に照らしてやや拡張された内的状態の帰属は，おそらく先述したようなそれぞれの理論的根拠から，ともに子どもの心的理解の発達にとって非常に重要な役割を持っていると思われる。しかし，だからこそ，一元的にとらえられがちな養育者による子どもの内的状態への焦点化におけるこれらの差異を，度外視することはできないと考える。なぜなら，それらを同義にとらえてしまえば，それぞれが子どもの心的理解の発達にどう影響しているのかを精緻に問うことが困難となるためである。ともに重視されている子どもの内的状態の「正確な読み取り」と「豊かな帰属」について，それぞれの強調点を峻別した上で，各々が持ちうる子どもの発達への影響を精緻に明らかにしていくことが必要なのではないだろうか。

　特に，これまでアタッチメントに着目した研究は，子どもの心に対する養育者の正確な読み取りを重視した議論展開を行ってきた。これに対して，子どもの側にある心的世界と，養育者によるその読み取りのずれが，かえって子どもの心の理解の発達に促進的意味を持つというMMの視点は，旧来のsensitivity概念には見られない指摘である。子どもの発達を支える社会的環境について，新たな角度から検討する必要性を示唆していると思われる。そこで本書では，そもそも乳児に心の存在を見出し，それについて豊かに（想像的に）関わろうとする姿勢に着目したMM概念の新しさと特徴に着目したい。以下，MMについてMeinsの仮説ならびに実証研究を詳細に見ていくこととする。

2．理論モデルと実証研究
(1) 理論的仮説
　子どもへの豊かな心の帰属，換言するならば現実の子どもの心の世界よりも発達的に進んだ見方をするという養育者の行為は，これまで注目されてこなかった訳ではない。こうした養育者の姿は，第2節で紹介したいわゆるas-if理論が着目したものと，極めて近いものだと考えられよう（Kaye, 1982/1993など，第2節参照）。だが，そうした先駆的理論は，乳児の心を大人と同様に扱う

という養育者の日常的な行動を描写しているものの，それらが何故，あるいはどのように子どもの心の理解の発達に寄与するのかを，必ずしも十分に説明してこなかった。一方 Meins の理論的仮説には，MM が子どもの発達に及ぼす機能とメカニズムについて，より具体的な，かつ，実証的検証を視野に入れた説明が含まれている。MM に関する仮説について，特に注目されるのが，養育者間に MM の個人差の存在を想定した点と，MM が子どもとの具体的な相互作用を通して子どもに及ぼす影響を仮定した点である。

　1 点目について，Meins はもともと，アタッチメント安定型と不安定型の養育者の違いに着目していた。そのため，アタッチメント研究の中で考案されてきた MM という特徴にも，養育者間で個人差が存在することが仮定されている。

　2 点目に，MM という傾向を高く有する養育者は，子どもとの相互作用の仕方に特徴があると仮定されている。まず，MM を持つ養育者は，子どもとの間で心を絡ませたやりとりを頻繁に行い，内的状態を表す語彙を子どもに付与することが多いと想定されている。子どもの潜在的な内的状態を頻繁に言語化することは，子どもにとって心的概念を獲得する足場になると考えられよう。家庭における心的語彙への豊富な接触と，子どもの高い心の理解能力の関連を示唆する知見は多い（Cutting & Dunn, 1999; Ruffman, Slade, & Crowe, 2002; レビューとして Symons, 2004）。しかし MM について特筆すべきは，心的語彙の使用という行動レベルではなく，そうした具体的な行動の背景として養育者が有しているスタンスを指摘した点であろう。

　MM を持つ養育者はさらに，子どもとの相互作用において 3 項やりとり，つまり玩具などを介したやりとりを展開しやすいと考えられている。特に，子ども側にはまだ共同注意の能力が発達する以前の早期から，形式的であっても，子どもとの 3 項関係における対話的やりとりを実践することが多いと想定されている。対話的やりとりを経験することは，ある同じ対象，出来事に対する自己と他者の内的状態の出会いをもたらすと考えられる。自他の感情や欲求の一致や相違に関する気付きや理解を高めるという点で，こうした交互的なやりとりは重要性を持つだろう（Fernyhough, 1996）。このように，MM 概念とその仮説の妙味は，幼い子どもとの心的交流に傾斜したスタンスが，心の理解を促

進すると目される複数の足場を，日常の親子やりとりの中にあくまで結果的に具現化してしまっているという指摘にあると考えられる。

(2) 実証研究

こうしたMM理論は興味深いものであるが，MMは当初，説明概念として論じられたものであり，直接的な測定，及び子どもへの影響の検証が課題となっていた。しかし近年では，MMの個人差の測定や，子どもの発達への影響について実証的検討が進んでいる。

まず，MMという特徴を具体的にどのようにとらえるのかという点について，複数の視点が提案されている。より初期の研究では，1歳半児の，未だ明確な言葉になっていない発声について，それを「意味のない音」だと解釈する母親と，意味や伝達意図を帰属して聞き取る母親がいることが注目されている。特にアタッチメント不安定型の子どもの母親には前者が，安定型の子どもの母親に後者が多いことが報告されている（Meins, 1998）。そして，幼い子どもの未熟な発声に対して意味を聞き取る（もしくは与える）ことが，MMという特徴を表していると解釈されている。

また，幼児の母親が持つMMをとらえる方法として，Meinsら（1998）はインタビューを実施している。質問は「あなたのお子さんのことを教えてください」というシンプルなもので，母親が子どもをどのような存在だととらえているのか，子どもに対する全体的表象を問うものである。母親が語る様々な自由回答は，子どもが何をするかという行動上の特徴，身長や髪の色などの身体的特徴を描写したものと，心理的・性格的な特徴を描写したものに分類される。そして，子どもの特徴について問われた際，子どもの心理的側面や性格などについてより多く回答することに，MMという特徴が表れると考えられている。

これらの方法で測定された母親のMMが，後の子どもの発達とどう関連するのかも実際に検討されている。20ヵ月時に測定された，母親による子どもの発声を「意味あるもの」とする解釈のしやすさ，並びに，子どもが36ヵ月時に母親に対して行われたMMインタビューの結果（子どもの心理的側面の描写の多さ）は，その後，5歳時における子どもの誤信念理解の成績の高さと関連することが見出されている（Meins & Fernyhough, 1999）。

また，より発達早期の子どもの母親を対象とした MM 測定は，Meins ら（2001）において開始された。乳児の心的世界の想定に関連すると仮定された母親の振る舞いとして，4つの行動指標と1つの言語指標が提案され，観察に基づく計測が実施されている。4つの行動指標とは，「乳児の視線方向の変化に対する応答」，「乳児の行動の模倣」「乳児が示す対象志向行動への反応」「乳児の自律的な行動の促進」であり，言語指標は「乳児の内的状態に対する適切な言及」である。その後，これらの MM 指標による，4・5歳時の心の理論獲得への予測力が縦断的に検討され，「乳児の内的状態に対する適切な言及」という言語指標が，実際に有意な予測力を有していることが明らかとなった（Meins et al., 2002）。

特に，乳児に対する母親の MM をとらえようとした試みは，この行動観察による検討が初めてであり，さらに，乳児に対する母親の発話特徴が，後の子どもの心の理論課題の優れた成績を予測するという結果のインパクトは大きい。これより，母親が文脈に照らして適切なやり方で子どもの内的状態に言及することが，乳児に対する MM の個人差の指標として重視されるに至っている。（Meins et al., 2003）。

このように MM の測定はこれまでに複数実施され，母親間に個人差が存在することが描かれてきた。さらに，測定された MM が，子どもの心の理論獲得に促進的影響を持つことも示されてきた。特に，乳児の内的状態に対する適切な言及という母親の MM は，子どもの心の理論獲得を予測する，最も発達早期の環境要因として注目されているのである。

第8節 本書の目的

以上，子どもの心の理解の発達について，特に心の理論獲得を例に取りながら，社会的環境，中でも発達早期における親子関係が重要な影響を持つ可能性を概説した。子どもの誤信念理解を促進するものとして，親子のアタッチメントへの関心から，その安定性を規定する養育者側の特徴の特定へと研究がシフトし，現在では特に，子どもの心の状態に目を向けるという養育者の傾向が中心的な研究課題になっていることを紹介した。

こうした養育者の傾向は，本書の冒頭で取り上げた，乳児の行動や発声を大人が様々に解釈するという行為につながるものである。さらには，本章の最初に示した，大人が乳児の行為に意味を付与することが，子どもの発達にとってどのような意味を持つのか，という問いに深く関連すると考えられる。特に第2節では，as-if 理論における，養育者が乳児を心を持った1人の人間として扱うことが，やがて子どもが実際にそうなることを促すという仮説に着目した。こうした理論は，主に乳児と養育者のやりとりの観察に基づき論考されてきたもので，養育者がつい，乳児の行動や発声に意味を与え，意図があるもののように解釈をするという日常的な行為が，実は，子どもの発達にとって極めて重要な役割を持つ可能性を示唆している。ただし，多くの研究者がこうした仮説を提唱してきたのに対し，それを検証するための実証研究が進んでこなかった点に，課題が残っていると考えられる。

　一方，近年，アタッチメント理論に基づく研究から，養育者が幼い乳児の心の状態に目を向けるという傾向が，子どもが示す心の理解能力の発達に及ぼす影響を問う実証研究が複数報告されている。特に，Meins が提唱する MM 概念については，養育者が実際の乳児の心の状態よりも発達的に進んだ見方をすることが，やがて，乳児が大人と同様に心を理解するようになる発達を促すという理論的仮説が示されている。この仮説はまさに，旧来の as-if 理論と重なる部分が大きいと考えられる。そして MM については実際に，子どもの発達，特に心の理論獲得への促進的影響が実証されており，理論的仮説は徐々に，その証左を備えたものになりつつあると言えるだろう。

　しかしながら，アタッチメント研究に源を持つ MM 研究は，当然ながら旧来の as-if 仮説を実証することを直接的に企図したものではない。特に MM はもともと，乳児という発達早期の子どもに限定した傾向として提唱されたものではなかった。そのため，様々な年齢の子どもに対する母親の MM が測定されてきたことを先に紹介した。そこで，大人と同じようには複雑な心の状態を持っていないと考えられる「乳児」に，あたかも大人と同様の心の状態を見出すという養育者の特徴に特化して，子どもの発達に及ぼす影響を詳細に検討していく必要があると考える。さらに，as-if 理論が論じるような，乳児に対する心の帰属という養育者の特徴が，乳児とのやりとりの構築に貢献し，子どもの

心の発達を促進するという影響の全体像については，これまで実証研究が行われていないという課題が残っている。

そこで以下では，より近年になって実施が進められている MM の研究枠組みを足掛かりとしながら，as-if 仮説の要点に立ち返り，養育者による乳児への心の帰属行動について，検討の必要性が残る課題を整理したい。そして，それらの課題点を実証的に検討することを本書の目的としたいと考える。

具体的には，養育者が乳児を心を持つ存在として扱うことが，子どもが心というものを理解する発達を促進するだろうという仮説の検証を目的とする。特に，先行研究において検討されていない，(1)養育者による「乳児への心の帰属のしやすさ」という傾向を測定すること，(2)その傾向は子どもとのやりとりの展開にどう関連しているのかを問うこと，(3)乳児に対する心の帰属傾向は子どもが示す心の理解能力を促進するのかを，心の理論獲得以外も含めて検証すること，の3点について取り組む。それぞれの目的について，以下に詳細を述べる。

1．乳児の心に目を向ける傾向（MM）の測定

第2節で概観したように，大人が乳児の発声や行為に意味を付与する，すなわち，乳児に意図や欲求，感情の存在を付与するという特徴はこれまで，複数の研究者によって注目され，繰り返し描かれてきたといえる。しかしその記述は，多くの大人が日常的，一般的にこうした行為を行うことを強調するものであった。一方，アタッチメント研究においては，安定性の規定因についての関心から，養育者間の個人差が重視されてきた。そして，MM 研究においても，子どもを心を持った存在であるとみなす傾向には母親間における個人差が存在することが予想され，実際にその検討が行われている（Meins, 1998; Meins et al., 2001）。

旧来は殆ど言及されてこなかった，養育者間の個人差の実態を審らかにすることは，個々の子どもが育つ社会的環境の実態を示すうえで特に重要である。さらに個人差を用いた研究デザインは，養育者の特徴による子どもの発達への影響を，実証的に問う際に有効であると考える。そこで本書も，養育者間において，乳児に対する心の存在の想定には個人差が存在すると予測し，その測定

を行うことを第1の目的としたい。先行研究における個人差測定の取り組みを参考としながら，新たな研究の視点を示す。

(1) 乳児に心を帰属する傾向

本書は，Meins が提唱する MM（養育者が子どもを心を持った存在であるとみなす傾向）に着目し，乳児の養育者として，母親を対象に測定を試みる。ただし MM の内容として，これまでに実施されている Meins ら（2001）の測定内容とは異なる側面に着目したい。

第6節で触れたように，MM 概念が提唱された当初の定義は，子どもを心を持った存在として扱う，という内容であった。ただし，もともと MM 概念は，その対象を幼い乳児に限定したものではなく，MM は，乳児から幼児まで，むしろあまり発達段階を問わずに広く子どもに向けられる母親の特徴として描かれてきた。そして，本書の関心である「乳児への MM」については現在，母親が示す「子どもの内的状態に対する適切な言及」が指標となっている（Meins et al., 2001）。

確かに，乳児の感情や思考といった心の状態に関する発話は，乳児の中に心の世界を見出すという傾向の高さを表すものであると考えられる。しかしその発話の中で，文脈や乳児の状態に照らし合わせて「適切」であると判断されたもののみが，MM の指標とされている点に注目したい。第6節でも指摘したように，この測定指標は，子どもの内的状態に対する言及の「適切さ」に注意が向けられ，それはむしろ，旧来アタッチメント研究が重視してきた sensitivity 寄りの正確性の測定になっているのではないだろうか。

しかしながら，先に整理したように，MM 概念には元来，正確性や適切性を問わず，子どもの中に豊かな心の世界の存在を想定すること自体を重視するという独自性があるものと考えられる。特に，乳児に対する MM について考える時，Adamson（1995/1999），Kaye（1982/1993）らが，Vygotsky の提案する「精神間から精神内における発達の移行」という枠組みに準拠して論じてきた点を軽視することはできない。養育者が乳児を関心や思考を交わしうる心的行為者として，実際よりも進んだ発達状態として扱うことが，養育者と乳児の「間」にやりとりを生み出し，その後，乳児の「個」の中に，実際としての他者理解

や心の共有を育むのではないかという指摘である。こうした，Vygotskyの理論的視座と，特に子どもを心理的な交流の舞台であるやりとりに巻き込む養育者の重要性は，MM概念に対しても極めて大きな影響を与えており（Meins, 1997），乳児に対するMMを検討するには，ここに立ち戻る意味は大きいと考える。

そこで，乳児へのMMを測定する際，乳児の状態との合致という「適切さ」ではなく，むしろ実際とのズレ，すなわち過剰性を含んでいたとしても乳児にどれほど心の世界の存在を想定するかという「量的豊富さ」に着目する意義は大きいのではないだろうか。しかしこれまで，そもそもどれほど乳児に心の世界を帰属するのか，という量的側面における個人差は検討されてこなかった。そこで本書では，乳児の心をどう見るかという内容としての適切さを問うのではなく，幼い乳児が意図や感情，思考を持っていると見なすか否か，という点に現れる母親の個人差を抽出することが重要だと考える。

(2) 母親が持つ個人的特性

母親が幼い乳児に，ある意味では過剰な解釈を加えながら心の存在を仮定するというMMを測定するにあたり，その具体的な方法を考える必要がある。Meinsらの研究において，乳児の母親を対象としたMM測定方法は母子相互作用場面の観察であり，母親の乳児に対する行動に基づき個人差が抽出されてきた（Meins et al., 2001）。

しかし，母子相互作用場面における母親の行動は，必然的に子どもからの影響を受けているのではないだろうか。各々の母親の子どもにおける表情表出や行動の顕著さを均質であると想定することは現実的に困難であり，それに対する心的帰属といった母親の行動は，むしろ子ども側の特徴を反映している可能性があるだろう。無論，子どもが日々直接経験しているやりとりの中から母親のMMをとらえる意味も大きいが，特に子どもの心的理解に対する促進的機能について実証研究を行う際，子どもからの影響を統制した母親の個人的特性として，MMを測定する新たな方向性が有用ではないかと考える。

(3) 認知的特徴の測定

　Meins (1997) は，乳児を心を持った一人の人間として扱うという母親のMM が，子どもへの関わりの中に現れ，結果的に子どもの心の理解の発達を促進すると仮定している。例えば，心的語彙の豊富な付与や，トピックを挟んだ3項やりとりの実践である（第6節参照）。MM が子どもの発達を促進するような養育環境の構築に寄与する，という説に依拠するならば，乳児にふれた際に心的世界を想定してしまうという認知的特徴が，実際に乳児と具体的な関わりを持つ際の行動的特徴に影響している，というプロセスが想定できるだろう。

　しかしこれまで，乳児に対する養育者の認知的特徴と，行動的特徴は明確に区別されておらず，また両者の関係についても考察されてこなかった。この点は，MM に限らず，Insightfulness (Oppenheim et al., 2001) や Reflective Function (Fonagy, 2001/2008) など，sensitivity から派生した，子どもの心に目を向ける傾向を扱う各概念についても同様に指摘できる。乳児に対するMM の測定として，Meins ら (2001) は乳児への適切な心的語彙の付与という具体的な行動に着目している。しかし，なぜそうした具体的な行動が起こりうるのかという背景を検討する必要があるのではないだろうか。そして，行動の背景には認知的特徴の存在を仮定することが可能だと考えられる。

　そこで本書では，母親が幼い乳児の内側に心的世界を想定するという認知的スタンスを持つことが，実際の乳児への行動に影響を与えるというプロセスについて検討したい。認知的な特徴としてのMM を持つことが，子どもへの心的語彙の付与や交互的やりとりの実践につながっており，子どもの心の理解を促進するような複数の足場が，日常の親子やりとりの中にあくまで結果的に具現化されている，という仮説を設ける。そして，この仮説を検討すべく，母親内での認知と行動の関係性を研究の対象としたい。そのためにはまず，乳児という存在に対して母親がどのような主観を抱くのかという，認知的な特徴に着目した測定方法が必要だと考える。

(4) MM を測定する新たな方法

　以上の点を踏まえ，本書ではMM を，「乳児が意図や欲求，感情といった心を持った存在であるとみなし，その内的状態の内容を豊かに想定すること」と

定義する。Meins ら（2001）が測定した乳児に対する MM は，特にその内容としての「適切さ」を重視するものであることから，以下，これを「適切な MM」と示すこととする。一方，本書が着目するのは，乳児が心を持っていると想定する，心的帰属自体の豊富さであることから，これを「豊富な MM」と表す。そこで以下，本書における MM という表記は「豊富な MM」を示すものとする。特別に内容を区別する必要がある場合には，「豊富な MM」「適切な MM」とそれぞれ表記し，両者を明確に示すこととする。

　本書では，乳児に対する母親の「豊富な MM」を測定するための新たな手法を考案し，母親間の個人差について検討することを第1の目的とする。乳児につい内的状態を帰属してしまうという傾向を，母親個人の特性として，また，乳児への行動ではなく認知的特徴としてとらえる方法として，特に実験的手法を新たに考案する。そして，乳児の母親を対象に測定を実施し，母親間に MM の差異が認められるのかを検討したいと考える。

2．母親の MM と養育行動の関連

　次に，認知的特徴としての MM が，実際に乳児と相互作用を持つ際の具体的な養育行動に影響を与えるのではないかという仮説の検証を第2の目的としたい。Meins（1997）は高い MM を持つ母親が子どもに対して心的語彙を多く付与したり，子どもと注意を共有した3項やりとりを実践したりすると仮定しているが，その検証は行われていない。本書で測定する MM を持つ母親，すなわち，乳児が心を持っていると想定しやすい母親は，子どもと接する際に，子どもの心の状態について発話を行い，また，子どもと関心を共有する3項やりとりを多く行うだろうと予測される。そこで，母子相互作用場面の観察により，この仮説の検証を行うこととする。

　また，もう1つの問いとして，子どもの乳児期に測定された母親の MM は，その後も続く親子やりとりに対して，長期的に影響を与え続けていくのかという点がある。実はこれまで，MM や RF といった養育者の特徴が，子どもの発達上のどの時期に機能するのかという，時間軸を考慮した考察はなされていない。しかし，子ども側には行動や言語面での発達が進み，母親の子どもに対する行動も，子どもの発達に伴い変化していくことは必然だと考えられる。乳児

に対する MM は，心的語彙の付与や 3 項やりとりなど，子どもを心の世界へ導く足場を，発達のどの時期に提供しているのだろうか。

本書ではこうした問いに取り組むべく，子どもが乳児期に母親の MM 測定を実施し，MM を測定した母親とその子どもを対象とする縦断的な観察を行いたいと考える。長期縦断デザインによる母子相互作用の複数回の観察により，乳児期早期に測定される母親の MM が，乳児期後期，あるいは幼児期においても長期的に，母親の子どもに対する養育行動と関連を持つのかを検討する。

3．母親の MM と子どもが示す心の理解の発達

3 つ目の目的として，乳児に内的状態を帰属するという，本書で測定する MM が，実際に子どもの心の理解の発達に対して促進的寄与を持つのかを検証したい。先駆的な as-if 理論では，乳児を心を持った存在であるかのように扱うことが，やがて乳児が実際にそうなることを促すであろうという仮説的な説明がなされてきた。しかしながら，具体的に子どものどのような発達の帰結に影響を持つのか，検討はなされていない（Adamson, 1995/1999; Kaye, 1982/1993 など）。一方，Meins ら（2002）や Oppenheim ら（2005）が，乳児に対する適切な MM や Insightfulness など，乳児の心に目を向けるという特徴が持つ後の子どもの心の理論獲得への予測力を見出した点は注目される。しかし，適切な MM ならびに Insightfulness はいずれも，乳児の心の状態を文脈に照らして適切に述べるという点を重視した測度に基づくものである。本書で測定する，乳児に対する心的帰属という豊富な MM についても，子どもの心の理論獲得に対する促進的影響が認められるのかを検討する。

また，乳児の心に対する母親の見方に注目した先行研究ではこれまで，心の理論以外の子どもの発達的帰結への影響が問われてこなかった。この点について，2 つの課題が残ると考える。1 つ目は，言語を用いた誤信念課題によって測定される心の理論獲得以前の，より幼い時期の子どもの心的理解能力への影響が検討されていないことである。Meins ら（2002）が示したように，乳児期に測定された MM がその 4 年後の心の理論獲得を促進するならば，そこに至る過程においてもまた，子どもの発達を漸次的に高めている可能性が考えられるのではないだろうか。第 3 節で概観したように，幼児期に至る以前にも，子

どもは他者の注意や意図，欲求などの理解を進めていく。心の理論の獲得は特徴的な発達的現象であるものの，そこに至る過程の発達にも，同様に注目していく必要があるだろう。

2つ目の課題として，子どもが示す心の理解の発達を，より多面的にとらえる必要性が考えられる。心の理解には，人が何を考え，信じ，意図するかという認知的側面だけでなく，人が何をどのように感じるかという感情的側面も存在する。ところが，MMなど養育者が乳児の心に着目する傾向が，子どもの感情理解の発達に促進的な影響を持つのかはこれまで検討されていない。

そこで本書では，これら2つの課題に取り組むことを目的とする。母親のMMは，子どもの心の理論獲得以前の，そしてそれ以外の心の理解の発達をも促進するだろうという仮説を設ける。豊富なMMは，子どもに発達早期から心というものへの気付きを促し，他者の意図や欲求，そして感情に対する気付きと理解を促進していると予想する。この仮説の検証に向け，発達早期に母親のMMを測定した子どもを対象に，乳児期から幼児期に亘る縦断的な実験と調査を実施する。具体的な子どもの発達指標としては，第3節で概説したように，乳児期の共同注意能力，その後の他者の欲求，信念理解，そして感情理解などに着目し，母親のMMによる促進的影響の有無を問うこととしたい。心の認知的側面と感情的側面に対する理解の発達は，特に幼児期初期には個人内で関連しないという指摘もある（Dunn, 1995；森野, 2005）。母親のMMが，心の理解発達における認知と感情の両側面にどう影響するのか，乳児期から幼児期に亘って認められる発達的指標に注目しながら，検討していく。

2．本書の全体構成

以上より本書では，養育者が持つ，発達早期から子どもの心に目を向ける傾向に着目し，特に，乳児を心を持った存在であるとみなす傾向に焦点を当てる。そうした乳児に対する養育者の認知的特徴が，子どもの心に焦点化した養育行動の実践につながり，ひいては，子どもの心というものへの気付きや理解を促進するのではないかという仮説の検証を試みる。この仮説について，子どもの生後1年目から5年目にかけて，縦断研究を実施することとする。本書の目的と仮説について，モデル図をFigure 1-8-1に示す。

第8節 本書の目的

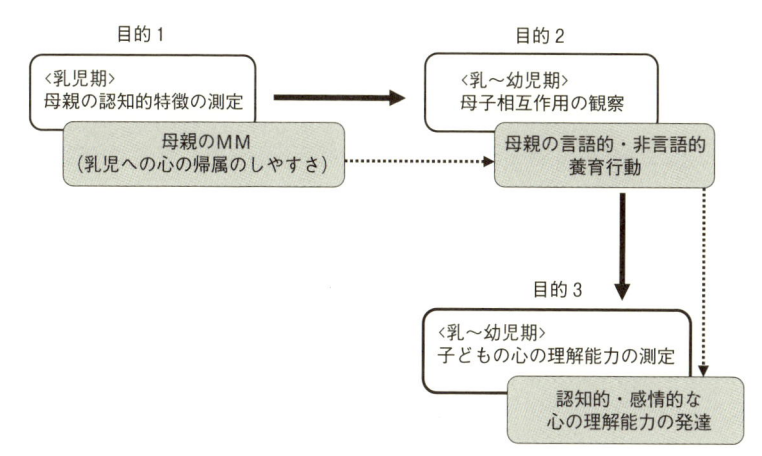

```
目的1                          目的2
〈乳児期〉                      〈乳~幼児期〉
母親の認知的特徴の測定    →    母子相互作用の観察

   母親のMM               母親の言語的・非言語的
(乳児への心の帰属のしやすさ) ⋯⋯⋯ 養育行動

                              目的3
                              〈乳~幼児期〉
                              子どもの心の理解能力の測定

                                認知的・感情的な
                                心の理解能力の発達
```

Figure 1-8-1　本書の目的と仮説モデル図

　続く第2章では，本書の第1の目的である，乳児の母親間における，乳児が心を持っていると想定する程度の測定と個人差の描写について示す。乳児に対する心的帰属のしやすさである「豊富なMM」という特徴を実験的に測定するための方法を案出する。作成した測定方法を用いて，生後6ヵ月乳児の母親を対象に測定を実施し，個人差の有無およびその内容についての記述を試みる。なお，第2章ではMMの個人差の規定因についても検討を加えることとしたい。

　第2の目的として，母親のMMは子どもに対する日々の養育行動にバイアスを与えているのかを検討する。MMを測定した母親とその子どもを対象に，母子相互作用の観察を行う。乳児に対する心的帰属のしやすさは，子どもに心の理解を促すような言語的関わり（心的語彙の付与），および非言語的関わり（乳児との注意の共有）の実践につながるだろうと予想し，これを検証したい。

　さらに第3の目的として，母親のMMが子ども側における心的世界への理解を促しているのかを，実証的に検討する。子どもが示す心の理解能力について，乳児期には他者の注意の理解，幼児期には認知的側面（信念や欲求の理解）と感情的側面の理解を問う実験を実施する。MMを測定した母親の子どもを追跡調査し，各時期の子どもの発達と，乳児期に測定された母親のMMとの関連を問う。

第2と第3の目的について，MMを測定した母親と子どもを生後1年目から5年目まで1年ごとに追跡し，母子相互作用の観察と，子どもへの実験を行うこととする。これらについて，生後1～2年目までの乳児期における調査を第3章で実施する。続く第4章において，生後3～5年目までの幼児期における調査を行う。

　なおこれまで，母親が子どもの心に目を向ける傾向自体が，子どもの成長という時間軸上でどのような変化を見せるのかは問われてこなかった。本書では，母子の縦断研究という特徴を活かし，子どもの生後5年目において，再び母親を対象に子どもの心に対する見方の特徴をとらえることとしたい。第5章では，乳児の心に対するMMと，幼児の心に対する見方の比較検討を行う。

　以上の目的について，子どもの乳児期から幼児期に亘る母子縦断研究を実施し，各調査時期における知見を積み上げていく。最終章の第6章では，縦断研究の結果を総括して考察する。母親が生後早期から乳児を心を持った存在とみなすことが，母子相互作用を経て，子どもの心の理解能力の発達を促すという過程の実際を検討し，プロセスモデルの呈示につなげたいと考える。

　本書の構成と各章の内容について，Figure 1-8-2に示す。

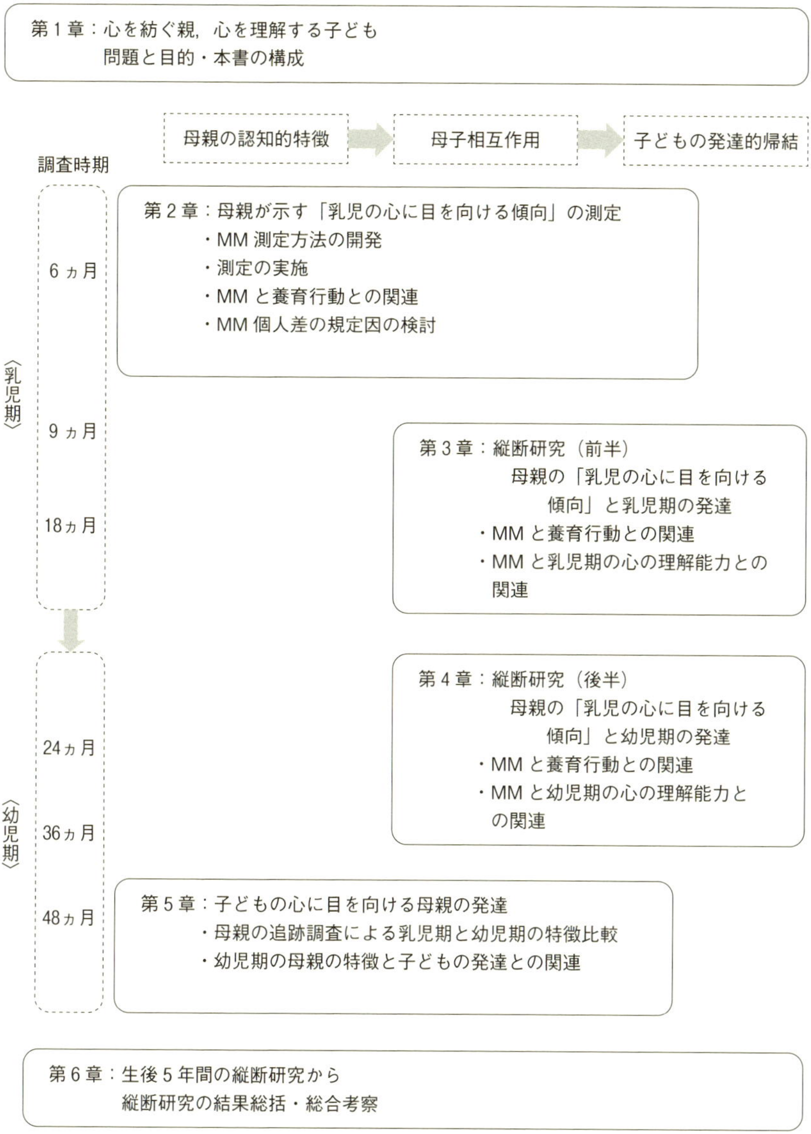

第8節 本書の目的

第1章：心を紡ぐ親，心を理解する子ども
　　　　問題と目的・本書の構成

調査時期　　　母親の認知的特徴　→　母子相互作用　→　子どもの発達的帰結

〈乳児期〉

6ヵ月
第2章：母親が示す「乳児の心に目を向ける傾向」の測定
・MM測定方法の開発
・測定の実施
・MMと養育行動との関連
・MM個人差の規定因の検討

9ヵ月

18ヵ月
第3章：縦断研究（前半）
　　　　母親の「乳児の心に目を向ける
　　　　傾向」と乳児期の発達
・MMと養育行動との関連
・MMと乳児期の心の理解能力との
　関連

〈幼児期〉

24ヵ月
第4章：縦断研究（後半）
　　　　母親の「乳児の心に目を向ける
　　　　傾向」と幼児期の発達
・MMと養育行動との関連
・MMと幼児期の心の理解能力と
　の関連

36ヵ月

48ヵ月
第5章：子どもの心に目を向ける母親の発達
・母親の追跡調査による乳児期と幼児期の特徴比較
・幼児期の母親の特徴と子どもの発達との関連

第6章：生後5年間の縦断研究から
　　　　縦断研究の結果総括・総合考察

Figure 1-8-2　本書の構成

第 2 章

母親が持つ「乳児の心に目を向ける傾向」

第1節 乳児の心をどう見ているのか

1．母親の特徴をとらえる方法

　本章では，まず，母親が乳児にふれた際に，乳児の内的状態に目を向け，心の存在を想定する傾向の測定に取り組む。第1章でふれたように，乳児にどれほど心の存在を想定するかという「豊富なMM」を，母親個人の認知的特性としてとらえることを試みる。特に，母子相互作用場面における母親の認知は，子ども側からの影響を大きく受ける可能性がある。そこで，子どもからの影響を統制した，母親自身が持つ特徴の測定方法を考える必要がある。

　こうした養育者の特徴を測定する方法としてReznick (1999)，Adamson, Bakeman, Smith, & Walters (1987) は，様々な乳児の行動を含むビデオ刺激を実験参加者に呈示して，ビデオの中の乳児がどれほど意図性を持っているかを問う実験を行っている。そして実際に養育者間における反応の差異を抽出している。そこで本書では，複数の母親に，自分の子どもではない共通の乳児刺激を呈示することで，子ども側からの影響を統制したいと考える。共通の刺激に対する心的帰属の差異を指標に用いることで，母親の個人的特性としてのMMを測定するという，新たな方法の案出を目的とする。

　また，乳児への心的帰属に関して，第1にどれほど豊かに心の存在を想定するかという量的側面に注目する。しかし，乳児から具体的に何を読み取るのか，例えば子どもの喜怒哀楽といった感情を読み取りやすい，あるいは欲求を読み取りやすい，といった具体的な内容にも，養育者間で差異が存在する可能性がある。子どもとの社会的やりとりには，そうした内容面での差異が影響している可能性も考えられ，MMの質的側面にも光を当てていくことが必要だろう。

2．母親のMMを描き出す

　この章では，量と内容面の両側面から母親のMM測定を試みるべく，その方法の案出を行う（第2節）。さらに，実際に乳児を育てている母親を対象に，新たに案出した方法を用いたMM測定を実施し，母親たちの特徴と母親間の個人差について知見を得たい（第3節）。

続いて，今回新たな方法で測定を試みる母親のMMが，現実に母親が示す，乳児の心に焦点化した養育行動と関連するのかを検討する（第4節）。これにより，オリジナルのMM測定実験で測定する母親の特徴が，実際に乳児に心の存在を仮定するという側面をとらえているのかという妥当性を検討したい。

最後に第5節では，母親が示す乳児の内的世界への注目の仕方の個人差に，どのような要因が影響しているのかを探る。母親自身の親子関係や育児の環境，他者一般への共感性など，MMと関連が予測される要因について，質問紙調査から見えてくる結果を示したい。

第2節　MMを測定する実験

母親が幼い乳児に対してどれほど豊かに心的帰属を行うのか，という認知的特徴をとらえるための測定方法として，乳児のビデオ刺激を用いた実験方法の案出を行う。なお，本書では，未だ幼い乳児，すなわち，伝達の意図を明確には持たず，また，大人と同様の複雑な思考や感情を持っていると考えられる以前の乳児に対して，母親が様々な意図や思考，感情を想定するという特徴に着目する。そのため，心的帰属の対象となる乳児の月齢は，意図的なコミュニケーション行為を行うと考えられる生後9ヵ月以前（第1章第3節参照）の乳児としたい。

1．乳児の映像刺激の作成
(1)　乳児ビデオの収集

乳児（男女各4名）とその母親8組のビデオ撮影を行った。行動レパートリーの多様さを考慮し，生後半年から9ヵ月までの乳児を対象とした。日常生活の様々な場面を刺激に反映させるため，家庭を訪問し，母子自由遊び場面，乳児1人の遊び場面，母親との食事場面を撮影した。

(2)　映像刺激の第1次選定

刺激として用いる乳児の行動選定にあたり，第1点目に養育者が普段よく目にするような日常的光景に近いものとなるよう考慮した。そこで，比較的頻繁

に生起する乳児の行動を用いるために，8名分のビデオ（一人あたり約30分）について10秒単位でエピソードを記述し，行動内容に基づく分類を行った。その結果，「玩具・モノの操作」「母親との社会的やりとりへの参加」「母親希求行動」「身体感覚的活動（自分の身体を触るなど）」「食事行動」「不意の出来事（転倒など）」の各行動群が得られた。これらより，複数の乳児に亘り頻繁に観察された行動を選定した。

第2点目に，乳児刺激に内的状態の存在を想定するという実験課題が著しく不自然になることを避けるため，ある程度解釈可能な乳児の行動を採用することとした。そこで，撮影されたビデオから母親が自発的に子どもの内的状態に言及している場面を抽出し，複数の母親に亘り内的状態に言及されることが多い乳児の行動を選定した。

以上の手続きを経て，乳児の性別や月齢，場面に偏りがないよう考慮し，最終的に28種の乳児の行動を選定した。

(3) 映像刺激の編集

上で選定した行動の前後を含む約30秒間を切り出し，ビデオクリップを作成した。さらに，ターゲットとなる行動を正確に特定するために，ビデオクリップの再生開始後，選定された行動部分で画面が5秒間一時停止するように加工し，その後続きが再生されるよう編集を行った。音声は基本的に加工せずに使用したが，母親が子どもの内的状態に言及している場面については，母親の発話部分の音声を除去した。

(4) 予備実験

本刺激の選定にあたり各ビデオクリップの特徴を得るため，上で作成した28個のクリップを用いて心理学を専攻とする大学生と大学院生14名(男女各7名)を対象に予備実験を実施した。各クリップの特徴を効率的に把握するためにReznick (1999) の方法を参考とし，一時停止場面について「乳児の行動の背後に，どの程度明確に内的状態が存在すると思うか」を8段階評定で質問した。その結果，評定平均値のレンジは3.71-7.71，標準偏差には.73-2.28までの幅が示された。これらより各クリップについて内的状態の易帰属性，評定者間にお

ける評価の分散といった相対的な特徴を得た。

2．本実験に用いる乳児の映像選定

新たに案出を試みる MM の測定方法では，乳児から具体的に如何なる内的状態を読み取りやすいのか，という内容面の個人的特徴もとらえることを目的としている。このため，刺激を見た母親が，ある程度の心的帰属を行うだろうと考えられる刺激を用いることとした。内的状態の存在自体の有無を問う予備実験において，複数の評定者に亘り相対的に高い評定値が得られたクリップを用いることが妥当であると判断し，評定平均値の高さ（5.00以上）と標準偏差の相対的な小ささ（1.90以下）を基準とした。乳児の性別と月齢，場面に偏りがないように考慮して最終的に5つのクリップを選定した（Table 2-2-1）。

3．母親への質問内容

乳児に対する心的帰属のしやすさをとらえるため，母親を対象とする測定実験ではビデオクリップの一時停止場面について「乳児がどんなことを思ったり，考えたり，感じたりしていると思いますか？」と質問することとした。回答方法は，心的帰属の内容面における個人差をとらえることも考慮して，母親が想起した具体的な内容を自由に話すという口頭での回答を求めることとした。な

Table 2-2-1　MM 測定で用いたビデオ刺激の内容

No	映像内容と一時停止場面の乳児の行動[a]	Mean[b] (SD)
1	玩具を手に持ち動かしているが，玩具の操作をやめ，<u>母親に手を伸ばしながら近づいていき</u>，抱きつく。	6.92 (1.59)
2	母親がスプーンでご飯を乳児の口に入れると，大きく噛んだ後，<u>口を閉じて口角を上げて微笑み</u>，再び噛む。	6.21 (1.81)
3	テレビがついたのを見て発声後，画面に接近し，<u>両手の掌を開いたり閉じたりしながら画面上の映像を触る</u>。	5.58 (1.65)
4	母親が乳児の頭上を左右に横断するようゆっくり手を動かす手遊びをしている。母親の手を追視し，<u>顔正面に来た母親の手に両手を伸ばす</u>。その後再び遠ざかる母の手を追視する。	6.71 (1.14)
5	机の下に転がるボールを追う最中，テーブルクロスを全身にかぶってしまい，<u>声をあげながら両手で布をつかむ</u>。母親が布を取り除き，乳児が微笑む。	7.71 (0.73)

[a] 下線部分でビデオが一時停止し，この場面における乳児の内的状態について，母親に質問した。
[b] 予備実験における「内的状態の存在の明確さ」についての評定平均値（8段階評定）と標準偏差。

お，教示や質問にあたり，母親にとって内的状態あるいは心的状態という術語は難解であると思われたため，「気持ち」という日常的な表現を用いることが妥当であると考えられた。さらにこの実験では，乳児から如何なる状態を読み取るのかという差異を抽出する目的から，具体的内容を特定せず，かつ，内的状態の幅広さを伝えるために，「思ったり，考えたり，感じたりする」という表現により質問を行うこととした。

　実験により得られる回答の分析方法について，まず，MM の量的豊富さに現れる特徴をとらえるために，乳児の内的状態に言及した回数をカウントし，その量を得点化することとした。また，乳児に対してどのような内的状態を読み取りやすいのかという内容について特徴を掴むために，量的側面の指標としてカウントの対象となった回答を，内的状態の内容に基づき「感情」や「欲求」などに分類することとした。そして，どのカテゴリーに対する回答が多いのか等を分析することにより，母親の読み取りの特徴を内容面からも把握することとした。

第 3 節　母親の MM という特徴と個人差

　この章では，以上の手順によって開発した MM 測定実験を，乳児を育てている母親を対象に実施する。本実験によって，母親の MM という特徴をとらえることができるのかを実際に確認していく。特に，母親個人によって乳児の内的世界に目を向ける傾向には差があるだろうという仮説について検証を行う。

1．MM の測定と結果
(1)　研究協力者

　現在乳児を育てている母親38名を対象に，MM 測定実験を実施した。母親の平均年齢は31.9歳（レンジ20-41）であった。子どもの平均月齢は 6 ヵ月20日（レンジ 6 ヵ月 4 日 - 7 ヵ月 6 日），男女各19名，第 1 子が22名，第 2・3 子が16名であった。

(2) MM 測定実験の手続き

　筆者が各家庭を訪問して乳児刺激を PC モニターに呈示し，母親と 1 対 1 の面接方式で実験を行った。例示用のビデオクリップを呈示しながら「赤ちゃんの気持ちについてお尋ねします」という説明を行った。本試行に際し，ビデオクリップの一時停止場面について「乳児がどんなことを思ったり，考えたり，感じたりしていると思いますか？」と質問した。回答は，母親が想起した具体的な内容を自由に話すように求めた。なお，内容が複数に亘ると思われる場合にはその全てを回答し，特にこれといった内的状態を有していないと思われる場合にはその旨回答するように事前に教示した。

　1 試行毎にビデオクリップは 2 回呈示され，2 回目の再生が終了後に回答を得た。母親の回答は全て録音された。

(3) 回答の得点化

　5 つの乳児刺激に対する母親の回答から乳児の内的状態に言及したものをカウントし，その合計数を MM 得点とした。1 つの刺激に対し複数の回答が得られた場合，内容が異なるもの（例「寂しい。母親と一緒に遊びたい。」）は各々カウントし，重複する内容（例「おなかいっぱい。もう満腹。」）は併せて 1 回と数えた。乳児の行動描写（例「食べている」），具体的な内的状態が不明（例「おかあさーん」）といった回答は除外された。

　次に，分析対象となった回答について，具体的な内容に基づく下位分類を行った。下位カテゴリー設定については Brown & Dunn（1991），松永・斉藤・荻野（1996）を参考にし，喜怒哀楽などの「感情状態」，物や行為の要求，動機付けや意志を示す「欲求状態」，思考や認知を示す「思考認知状態」，痛みや眠気などを示す「生理的知覚状態」の 4 つを設けた（Table 2-3-1）。

　MM 測定の回答の得点化と分類について，信頼性を確認するために，訓練を受けた大学院生 1 名と筆者が 10 名分（全協力者の26.3％）を独立に分類，得点化した。Cohen の κ 係数を求めたところ，$\kappa = .80$ の一致率が認められた。不一致の点については協議し，得点化の手順を明確にした。最終的に満足できる高さの一致率が確認できたため，残る協力者についての MM 測定結果の分析は筆者 1 名が行った。

Table 2-3-1　内的状態の下位カテゴリー

感情状態
　好み：好き，大好き，いい　など
　喜び：嬉しい，楽しい，おもしろい　など
　驚き/興奮：驚く，びっくりする，興奮する　など
　嫌悪：いや，きらい，もういい　など
　悲しみ：悲しい，さびしい　など
　機嫌：機嫌がいい（悪い），ご機嫌ななめ　など
　恐れ：こわい（こわくない），恐怖　など
　困惑：どうしよう，困った　など
　甘え：甘えている　など
　思いやり：どうしたの？，大丈夫？　など
　飽き：飽きた，もういい，など
欲求状態
　—して，—しないで，—したい，—したくない，
　欲しい，ちょうだい，いらない　など
思考認知状態
　—と思う，考える，—かな，わかる，わからない，
　知っている，知らない，忘れる，思い出す，
　覚えている，期待する，何だろう　など
生理的知覚状態
　おいしい（おいしくない），眠い，疲れた，痛い，
　おなかがすいた（おなかいっぱい）　など

2．結　果

　MM の量的側面について MM 得点（5つの乳児刺激への内的状態の帰属回数）を算出した。平均は9.05点（SD：3.52），レンジは 2 - 20であった[2]。同一の乳児刺激を呈示したにもかかわらず，レンジと SD より，母親間には回答数に大きなばらつきがあることが示唆された。

　次に，どのような内的状態を乳児に帰属しやすいのかという MM の内容の特徴について検討するため，回答の下位カテゴリー分類に注目し母親のグループ構成を探索的に実施した。まず，回答回数自体が少ない母親は内容における特徴をとらえることは難しいと考えられたため，乳児の内的状態に言及した回数に着目した。そして，回答数が全母親の下方約20％に該当する 8 名については「内的状態帰属低群」とした。それ以外の，ある程度豊富な回答数が得られ

---

[2] なお,各クリップの平均得点（SD）について,クリップ No. 1 が2.26点（1.41），No. 2 が1.55点（.80），No. 3 が1.68点（1.09），No. 4 が1.55点（.95），No. 5 が2.05点（1.25）であった。

た母親30名について，「感情状態」「欲求状態」「思考認知状態」「生理的知覚状態」の各カテゴリー毎の回答数を変数とするクラスター分析（コサインによる最遠隣法）を実施し，更なるグループ構成を試みた。

3つの母親クラスターが得られたため，続いて各群の特徴を把握するために母親クラスターを独立変数，各内的状態下位カテゴリーの回答数を従属変数とする1要因分散分析を行った。その結果，「生理的知覚状態」を除く各内的状態への回答数にクラスター間で有意な差異が認められた（「感情状態」$F(2, 27) = 11.13$, $p < .01$；「欲求状態」$F(2, 27) = 8.98$, $p < .01$；「思考認知状態」$F(2, 27) = 23.15$, $p < .01$）。

Tukey の HSD 法による多重比較の結果，他群と比較して第1クラスターは「感情状態」と「欲求状態」への回答が有意に多く，第2クラスターは「思考認知状態」への回答が有意に多かった。これらの結果に基づき，第1クラスターを「感情・欲求帰属群」，第2クラスターを「思考認知帰属群」と命名し，残る第3クラスターについては全ての内的状態カテゴリーに亘り平均的に言及が見られたため，「全般的帰属群」と命名した。以上の手続きにより見出された母親のグループを MM 質的グループとした。各グループの特徴と回答結果を Table 2-3-2 に示す。

なお，MM の測定結果について，量と質のいずれの側面においても，研究協力者である母親自身の子どもの性別，出生順位による差異は認められなかった。

Table 2-3-2 MM質的グループの特徴

グループ名（人数）	特徴（MM測定実験での回答例）[a]
内的状態帰属低群（n=8）	乳児に内的状態を帰属すること自体が相対的に少ない（「子どもはまだ何も思っていない」）
感情・欲求帰属群（n=7）	内的状態の帰属が比較的多く，特に「感情」や「欲求」を多く読みとる（「楽しい」「映像を掴みたい」）
思考認知帰属群（n=13）	内的状態の帰属が比較的多く，特に「思考」や「認知」を多く読みとる（「TVを魔法の箱だと思っている」）
全般的帰属群（n=10）	内的状態の帰属が比較的多く，その内容は下位カテゴリー全般に亘る

[a] ビデオ刺激番号3（「テレビ画面を触る」Table 2-2-1参照）に対する，各グループの母親から得られた自由回答の例。

3. 考　察

　本節では，幼い乳児に対し心の世界を豊かに想定する傾向であるMMについて，新たな測定方法を案出し，その実施を試みた。まず，MMの量的側面に関して，1つの乳児刺激あたり平均約2回（1.81回）の回答が得られた。母親たちが短いビデオ映像中の見知らぬ乳児に対して，極めて敏速かつ明確に複数の内的状態を読み込んだことが注目される。この実験で用いた課題は，母親にとって著しい不自然さを感じさせるものではなかったと考えられる。Reznick（1999）やAdamsonら（1987）でも報告されているように，母親たちは全般的に乳児に心的帰属を行う肯定的なバイアスを有しているようである。

　しかし一方で，回答数のレンジには2-20回という開きが示された。予備実験で内的状態の存在が支持された刺激を用いたが，6名の母親には回答無しの試行が確認された。一方，回答が合計15回以上の母親も3名認められ，乳児刺激に対する反応は刺激によって一義的に規定されるものではなく，無視し難い母親間の差異が存在することが示唆された。

　次に，同一刺激に対する心的帰属の具体的内容も母親間でばらつきがあり，読み取りの内容にユニークな特徴を持つ複数のグループが見出された。本測定方法によって，これまで殆ど議論されてこなかった乳児への心的帰属の内容面での差異が実際に示された。これはMM概念の議論を拡張する知見であると思われる。

第4節　MMと子どもへの養育行動

　母親を対象とするMM測定を実施した結果から，共通の乳児刺激に対しても，母親間で回答が異なることが浮き彫りとなった。そこで，次に，本章で開発した測定方法が真に，構成概念としてのMMを測定しているのかという妥当性を検討する必要がある。MMの測定結果と現実の子どもに対する母親の振る舞いとの関連性を問うことにより，この検討を行いたいと考える。

1．高いMMを持つ母親に予想される子どもへの行動

　測定結果から高いMMを持つと判断される母親は，Meins（1997）でも仮定

されているように，子どもの心に焦点化してその内容を細やかに想定するが故に，心に関する言及をより多く行うことが予想される。また，非言語的関わりについても，例えば子どもの視線の動きについて，MMが高い母親は子どもがある意図を持って特定の対象に注意を向けており，その対象について何らかの心的見解を持っていると想定しやすいと考えられる。子どもの注意の所在やその変化により敏感であるために，母親が子どもの注意を追従することが相対的に多いのではないだろうか。また，Meins (1997) の説明では，高いMMを持つ母親は，子どもとの間で，トピックを介したやりとり，すなわち，3項やりとりを行うことが多いだろうと仮定されている。そこで，母子相互作用の観察を実施し，測定されたMMと実際の母親の行動について予想される関連を検討することとしたい。

　なお，本章では，量に加え質的側面についてもMM測定を試み，実際に母親間には読み取りの内容に差異があることが見出された。こうしたMMの内容面の特徴は現実の子どもへの関わり方とどのような関連を持つのだろうか。MMの質的特徴と母親による子どもへの行動との関連について，探索的に検討を行う。

2．母子の遊び場面の観察
(1) 家庭での母子遊びの観察

　MM測定実験に参加した母親とその子どもである6ヵ月乳児，38組を対象に観察を実施した。

　筆者が各家庭を訪問し，母子の自由遊び場面をビデオ撮影した。筆者はボール，人形，車の玩具を持参したが必ずしも使用する必要はなく，普段どおり遊んで欲しいという旨を伝えた。参考に，観察された母子遊び場面の様子をFigure 2-4-1に示す。なお，MM測定実験の経験が母子やりとりに影響を与える可能性を除去するため，先に自由遊び場面の観察を実施し，その後，同日内にMM測定実験を実施した。

(2) 母親の子どもに対する行動の分析

　母子自由遊び場面10分間を分析対象とし，母親の行動について以下のように

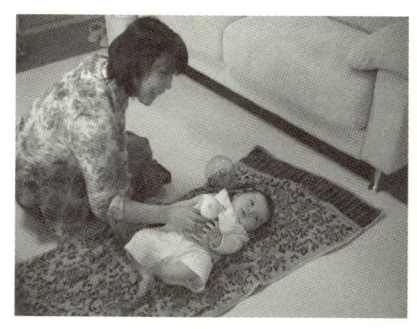

Figure 2-4-1　生後6ヵ月時に観察された母子自由遊び場面の様子

得点化を行った。

(a) 子どもの心についての発話

　母親の全発話を書き起こし，母親が子どもの感情や欲求，思考など，心の状態について発話したものを抽出して，数をカウントした。さらに分析対象となる発話について，内容の分類も行った。この分類には，MM 測定実験への回答の内容分類に用いた内的状態下位カテゴリーを用いた（Table 2-3-1 を参照のこと）。

(b) 子どもとの注意の共有スタイル

　子どもの注意の在り処に母親が自分の注意を重ねる行動を「注意追従型」とした（子どもが触っているぬいぐるみを母親も一緒に見て「クマさんだね」と言うなど）。一方，子どもの注意の在り処を現在の位置から他の方向へと転換させる行動を「注意転換型」とした（子どもが車を見ている時に「ほら，クマさんもいるよ」とぬいぐるみを呈示して注意を惹きつけるなど[3]）。子どもに積極的に関与しないなどの母親の行動は「静観・その他」とした。母親の行動について5秒を1フレームとする排反的コード化を行い，行動カテゴリー毎のチェック回数を合算して得点化した。なお，子どもと母親の注意の方向は基本

---

[3] 乳児が母親を見ている場面では，母親が乳児とやりとりを続けていれば「注意追従」とし，母親に向けられた乳児の注意を他のもの（おもちゃなど）に向けさせようとする母親の行動は「注意転換」としてカウントした。

的に視線の方向から同定したが，撮影角度の問題などにより視線がとらえられない場合には頭部の向きから判断した。

次に，「静観・その他」に分類された以外のフレームについて，母子やりとりを「2項やりとり（身体遊び，くすぐり，ほほ笑み合いなど2者間でやりとりをしているもの）」と「3項やりとり（おもちゃや部屋の中の事物など，第3項を含めてやりとりをしているもの）」に分類した。上と同じく，5秒を1フレームとする排反的コード化を行い，チェック回数を合算して得点化した。

相互作用場面における母親行動のそれぞれについて，訓練を受けた大学院生1名と筆者が母親10名分（全観察対象の26.3％）を独立に分類，得点化した。Cohenのκ係数を求めたところ，相互作用場面における子どもの内的状態への発話は$\kappa = .80$，子どもの注意に絡む行動は$\kappa = .87$の一致率が認められた。不一致の点については協議し，明確なコード化の手順を決定した。最終的にいずれも満足できる高さの一致率が確認できたため，残る協力者に対する相互作用場面の分析は筆者1名が行った。

3．母親が我が子に示す行動とMMの関連

実験により測定されたMM，すなわち共通刺激である乳児に対する心の存在の想定と，実際の自分の子どもへの日常的な関わり方の関連について，分析を行った。

まず，母子自由遊び場面で観察された母親の各行動について，母親全体および MM質的グループ毎の平均値と標準偏差を Table 2-4-1 に示す。

母親の各行動について，母親自身の子どもの性別，出生順位による差異を確認した。乳児の注意に絡む母親の行動における「静観・その他」について，出生順位による差が認められ，第2子以降の乳児と遊ぶ母親の方が，第1子である乳児の母親よりも子どもに対する「静観・その他」が多かった（$t(36) = 2.97$, $p < .05$）。

これ以外の母親の行動には，子どもの性差や出生順位の差が見られなかった。以後の分析では乳児全体についての結果を得ることを目的に，性差並びに出生順位の検討は除外した。

Table 2-4-1 生後6ヵ月時の母子自由遊び場面における子どもに対する母親の行動の平均値（標準偏差）

	全体 M(SD)	帰属低群 M(SD)	感情・欲求 帰属群 M(SD)	思考認知 帰属群 M(SD)	全般的帰属群 M(SD)
内的状態への言及[a]					
合計	10.71(7.69)	8.50(6.14)	14.71(9.38)	10.00(7.95)	10.60(7.32)
感情状態	6.82(5.08)	4.75(3.96)	9.14(7.27)	6.38(4.84)	7.40(4.33)
欲求状態	1.63(1.76)	0.88(0.99)	3.29(2.22)	1.08(1.12)	1.80(1.99)
思考認知状態	0.66(1.38)	1.00(1.31)	1.57(2.64)	0.23(0.44)	0.30(0.68)
生理的知覚状態	1.61(2.77)	1.88(3.23)	0.71(0.76)	2.31(3.66)	1.10(1.85)
注意の共有スタイル[b]					
注意追従型	50.97(18.06)	37.38(14.79)	67.71(15.58)	50.54(16.15)	50.70(16.69)
注意転換型	30.87(13.18)	25.13(7.74)	21.43(7.35)	36.85(7.95)	34.30(19.60)
静観・その他	38.16(21.47)	57.50(19.05)	30.86(21.27)	32.62(20.48)	35.00(17.94)
2項やりとり	15.29(16.94)	15.29(12.30)	13.14(10.92)	18.31(23.12)	14.00(15.94)
3項やりとり	66.55(23.61)	47.71(14.50)	76.00(22.92)	69.08(26.48)	71.00(21.81)

[a] 数字は子どもの内的状態への言及頻度の平均回数(標準偏差)。
[b] 数字は子どもの注意に関わる各行動の平均得点(標準偏差)。

(1) MM 得点との関連

(a) 子どもの心についての発話

MM 得点と母親が子どもの心について発話した回数について相関分析を行った[4]。内的状態への言及頻度の合計数について，MM 得点と有意な関連が認められた（$r=.39, p<.05$）。これは，MM 測定において高い MM を示す母親は，実際の子どもとのやりとりにおいても心的語彙を多く用いているだろうという予想を支持する結果であった。MM 得点と内的状態下位カテゴリー毎の言及頻度についても，「感情状態」と「欲求状態」とに有意な相関が認められた。Table 2-4-2 に結果を示す。

(b) 子どもと注意を共有するスタイル

MM 得点と注意追従型関わりとの間に正の相関（$r=.57, p<.01$）が認められた。想定されたように，MM 測定において乳児に内的状態を帰属する傾向が強い母親は，現実の相互作用場面で子どもの注意を意味あるものとして尊重し，

---

[4] 分布に正規性が認められたものには Pearson の相関係数，正規性が認められなかった変数については Spearman の相関係数を算出した。

Table 2-4-2 MM 得点と母子自由遊び場面における母親の行動との相関

	子どもの内的状態への発話頻度				
合計	感情状態	欲求状態[a]	思考認知状態[a]	生理的知覚状態[a]	
.39*	.31†	.39*	-.09	.04	

子どもの注意に絡む関わり			やりとりの形	
注意追従型	注意転換型	静観・その他	2項やりとり	3項やりとり
.57**	.10	-.54**	-.02	.49**

[a] Spearman の相関係数。　† $p<.10$　* $p<.05$　** $p<.01$

それを追従する関わりが多いという結果が示された。MM 得点と「静観・その他」には負の相関（$r=-.54, p<.01$）が認められ，注意転換型関わりとの関連は見出されなかった。また，MM 得点は母子やりとりの形として，玩具などを介した3項やりとりの多さと相関していることが明らかとなった（Table 2-4-2）。

(2) MM 質的特徴との関連

MM の内容面の特徴と，実際の子どもへの関わり方にはどのような関連が見られるだろうか。探索的検討として，各 MM 質的グループの間に，母親の子どもに対する行動の差異があるのかを分析した[5]。

(a) 子どもの心についての発話

子どもの心についての発話頻度の合計数について，MM 質的グループの間に有意差は見られなかった。だが，内容別に見ると，感情・欲求帰属群の母親は，内的状態帰属低群と思考認知帰属群の母親に比べて，子どもの「欲求状態」に関する言及を頻繁に行う傾向があった（$\chi^2(3)=6.67, p<.10$）。実験場面で乳児刺激に読み込んだ内容と，実際に我が子とのやりとりの中で子どもに発話する内容とに，つながりがあることが示されたと言えよう。

---

[5] MM 質的グループを独立変数，子どもへの各種関わり方を従属変数とする1要因分散分析を実施した。グループの間に差が認められた場合は Tukey の HSD 法による多重比較を行った。分布に偏りが見られた変数には Krascal Wallis の検定を行い，有意な結果が認められた場合は下位検定（Wilcoxon の順位和検定）を実施し，ボンフェロニの不等式による修正を行ったうえで有意性を検討した。

(b) 子どもとの注意の共有スタイル

「注意追従型関わり」,「注意転換型関わり」,「静観・その他」のそれぞれについて, MM質的グループの間に違いがあることが認められた (順に$F(3, 34)=4.53, p<.01; F(3, 34)=3.36, p<.05; F(3, 34)=3.32, p<.05$)。多重比較の結果, 内的状態帰属低群は他の群の母親に比べて静観が多く, 子どもに積極的に関わることが少ないという様子が示された。また, 感情・欲求帰属群の母親は, 内的状態帰属低群の母親よりも子どもへの注意追従型関わりが有意に多かった。注意転換型関わりについては, 思考認知帰属群が最も多く, 感情・欲求帰属群との間に差が認められた。なお, 2項および3項やりとりの量についてはMMグループによる差異は認められなかった。これらの結果について, Table 2-4-1も参照されたい。

4. 乳児ビデオへのMMと現実の養育行動

本節では, MMの測定結果と現実の子どもに対する母親の行動との関連を検討した。まず, 自由遊び場面で母親が子どもの心に言及する回数には母親によって0-29回というばらつきがあった。そして, 乳児刺激に対して心的帰属をより頻繁に行った母親は, 実際に自分の子どもの心的世界への言及が多いことが示された。また, 子どもの注意を尊重して追従する関わり, ならびに3項やりとりの実践との関連も確認され, MMの高さに伴うと予想される諸行動の生起について, 仮説を支持する結果が得られた。さらに, 日常の母子やりとりにおけるMMの質的特徴の反映に関する探索的分析からも, 感情・欲求帰属群は実際に子どもの欲求状態に関する発話が多いなどの関連が認められた。

母子やりとり場面において, 母親と子どもの行動は互いに影響を及ぼしあう。本節では母親が持つ個人的特性としてのMMが, その母子相互の影響の中において, どのように行動に現れるのかを検討した。つまり相互作用場面における母親の行動は, 各々の子どもが有する行動や気質といった特徴からの影響を含んでいると考えられるが, それでもなお, 母親の行動には, 実験で測定されたMMとの関連が複数認められたことが注目されるだろう。

こうした結果から, 今回案出を試みたMMの測定実験はMMの測度としてある程度妥当であり, 本章の方法によって母親の個人的特性としてのMMを,

量と内容の両側面から的確にとらえることが可能であると評価できるのではないだろうか。

なお，思考認知帰属群について，実際の母子やりとりでは思考や認知への言及は少なかった。これには，生後6ヵ月時の乳児の行動は表情表出や発声，視線の動きが主であり，母親は我が子のそれらに対して感情や欲求を多く帰属するものの，思考や認知を知覚すること自体が極めて少ないという全般的特徴が影響していると考えられる。

また，MMの量的豊かさと注意追従型関わりに正相関が示されたのに対し，思考認知帰属群の母親は，注意転換型の関わりを多く行っていることが見出された。この群の母親は，子どもの知的好奇心を刺激するために母親主導でやりとりを展開し，子どもの注意の在り処を積極的に変化させようとしている可能性もあろう。母親が子どものどのような心の状態に目を向けやすいのかという特徴が，実際の子どもへの関わりに差をもたらしていることは興味深い結果であろう。

第5節　MM個人差を規定している要因

第3節で実施したMM測定の結果から，乳児の母親という共通性がありながら，個人によって，乳児刺激に対して量や内容の異なる心的帰属を行うことが明らかとなった。では，こうした個人差は，どのような要因によって生じているのだろうか。

1．乳児の心に目を向けやすい母親とは

母親による乳児への心的帰属に影響を及ぼすものとして，これまで，乳児側の要因は検討されてきた。例えば，母親が現在育てている乳児の月齢が高いほど，母親は乳児に意図性の存在を想定しやすい，あるいは，女児の方が大人から意図性を帰属されやすい傾向がある，といった報告がある（Feldman & Reznick, 1996; Zeedyk, 1997）。

ただし，第4節でふれたように，本書におけるMMの測定結果には，母親が現在育てている乳児の性別や，出生順位による差は認められず，子どもの属性

というよりも，母親側の要因が影響しているのではないかと考えられた。しかしながら，心的帰属を行う大人側の属性についてはこれまで，養育者と非養育者の比較，あるいは女性か男性かという比較しか行われていない（Adamson et al., 1987）。つまり，同じ月齢の乳児を育てる母親という同一集団内における，乳児に対する心的帰属の個人差に影響を持つ要因については未だ明らかではない。

そこで本節では，MMを測定した母親を対象に質問紙調査を実施し，特に母親自身の要因に注目することで，MM個人差の規定因について知見を得ることとしたい。そのため，理論的に関連が予測される複数の要因を同時に組み込み，探索的分析を行うこととする。考慮すべき要因は多数存在すると考えられるが，基礎的な知見を得るために，特に以下の要因に着目する。

第1に，母親自身の養育歴に関する要因を取り上げる。MM概念が提案されたアタッチメント研究の領域においては特に，子どもに対する意識や行動には養育者自身の被養育経験が影響すると考えられている（Bowlby, 1973など）。そこで，養育者自身の生育過程に関して幼少時における親子関係に注目したい。また，子どもに対する反応には，自分の子ども以外の子どもも含めた，乳幼児とのふれ合いの経験の豊かさが関与していることも想定される（Fogel & Melson, 1986）。そこで，母親が第1子を出産する前までの，子どもとの接触経験を考慮する。

第2に，子どもへの意識や関わり方には養育者を取り巻く現在の環境が及ぼす影響も多く指摘されている。そこで，日常生活の基礎となる家庭に着目する。特に，そもそも家庭において感情といった内的状態にふれるやりとりが行われやすいのか，家族全体の情緒的雰囲気（Easterbrooks & Goldberg, 1990）を取り上げることとしたい。

第3に，母親自身の特性要因に着目する。まず，乳児への反応に影響すると考えられる，母親が有している乳児の存在に対するイメージを問うこととしたい。また，未だ幼い乳児の内的な世界を想定し，もの言わぬ乳児に豊かに語らせてしまうという傾向に関連が予想されるものとして，想像や空想のしやすさ，（乳児に限定されない）他者一般に対する内的世界への意識の向けやすさとしての共感性，あるいは人以外の動物や物に対する心的帰属のしやすさ（アニミ

ズム傾向）などが考えられる。そこで，こうした乳児以外の対象に対する内的状態の想定のしやすさについて，質問項目に含めることとする。

2．予想される関連要因についての調査
(1) 質問紙調査の内容

対象は，本章第3節で実施したMM測定実験に参加した母親38名であった。MM測定終了後，質問紙への回答を依頼し，郵送による回収を行った。回収率は100％であった。

質問紙に含めた各要因の内容は以下のとおりである。

(a) 生育過程に関する要因
①母親自身の幼少時における親との関係

母親ならびに父親との関係の良好さについて，遠藤・江上・鈴木（1991）を参考に「こどもの頃，母（父親についての質問項目では父）のそばにいるのが好きだった」など，それぞれ6項目を設けた。回答は「4点＝非常によくあてはまる」から「1点＝全くあてはまらない」までの4件法で求めた。

②乳児との接触経験

母親が第1子を出産する以前における，乳児の世話や子守といった経験の豊かさについて，遠藤ら（1991）を参考に8項目を設けた（「ミルクや離乳食を与える」など）。回答は「4点＝毎日のようにしていた」から「1点＝全くしたことがない」までの4件法で求めた。

(b) 現在の環境に関する要因
③家庭の情緒的雰囲気

母親が現在生活している家庭内の雰囲気として，肯定的（感謝や共感）あるいは否定的（嫌悪，怒り）な情緒の表出のしやすさについて質問した。Halberstadt（1986）を参考に，肯定的な情緒に関する質問8項目（「楽しいことがあった時に家族にそのことを話す」など），否定的な情緒に関する質問8項目（「家族の行動に不満を示す」など），合計で16項目を用いた。回答は「5点＝非常によくある」から「1点＝全くない」までの5件法で求めた。

(c) 特性要因
④**一般的な乳児観**

　自分の子どもに限定されない一般的な乳児の存在に対するイメージについて，永澤（1996）を参考に「赤ちゃんは何もわからない」「赤ちゃんはそれぞれ個性を持っている」などの8項目を設けた。「4点＝非常にそう思う」から「1点＝全くそう思わない」までの4件法で回答を求めた。

⑤**空想傾向**

　想像活動への関与を測定する尺度 Imaginative Involvements Inventory（Ⅲ）（笠井・井上，1993）を参考に，出来事の想起やストーリーの組み立てといった，想像や空想のしやすさについて10項目を作成した。

⑥**他者一般に対する内的状態への接近のしやすさ**

　辻（1993）の他者意識尺度の下位尺度である内的他者意識尺度から，「人が思っていることについて考えてしまうことが多い」など，他者の内面への意識の向けやすさを問う3項目を用いた。⑤⑥ともに，「4点＝非常によくあてはまる」から「1点＝全くあてはまらない」の4件法で回答を求めた。

⑦**アニミズム傾向**

　人以外の存在に対する心的帰属のしやすさについて，物（家具や時計といった無生物）／ぬいぐるみや人形（人格や感情が付与されやすいと考えられえる無生物）／動物の3種を対象に内的状態を帰属することがあるかを問う項目（「人形が何か感じたり思ったりしている，とあなたがつい思ったり感じたりすることはありますか」など）を独自に作成した。また，それぞれの対象に対する心的帰属を表情や言葉で表現することがあるかについても質問を行った。「4点＝非常によくある」から「1点＝全くない」までの4件法を求めた。

(2) **得点化**

　①〜⑥の各要因について内的整合性を検討するためα信頼性係数を算出したところ，④を除いて.74〜.90の高い値が確認されたため，①②③⑤⑥については要因毎にそれぞれの項目の合計得点を算出した。④の一般的乳児観については因子分析（主因子法・直交回転）を行った結果，2因子が抽出された。第1因子は「乳児は未熟な存在である」「乳児は親の一部である」など3項目から構

成されたため,「未熟な存在」と命名した。第2因子は「乳児は豊かな発想を持っている」「乳児は何も分からない（逆転項目）」「乳児にはすばらしい力がある」などの5項目から構成されたため,「創造的な存在」と命名した。それぞれの因子に対応する項目の合成得点を算出した。⑦のアニミズム傾向は3種の対象（物／人形／動物）ごとに,心の存在を感じるという感覚の得点と,その感覚を表現するという得点を算出した。なお,動物に対するアニミズム傾向（感覚・表現）については1名の母親について回答に不備があったため,これらの項目についてのみ,分析対象は37名であった。

3．各要因とMMとの関連

質問紙で得られた各要因の得点とMM測定実験で得られたMM得点,ならびにMMの質的グループとの関連性について分析した。以下,有意な結果が得られたものを中心に統計値を示した。

(1) 母親の生育過程に関して

各要因の得点の平均値（標準偏差）について,①幼少時における母親との関係は平均19.26点（SD：3.41），父親との関係は平均18.18点（SD：3.93），②乳児との接触経験は平均15.03点（SD：5.10）であった。

各得点についてMM得点との相関係数を算出した結果,いずれも有意な相関は認められなかった（順に$r=-.03$, $r=.08$, $r=-.13$, 全てns）。次に,MM質的グループによって各要因の得点に差が見られるかを1要因分散分析によって検討した。しかし,いずれも有意差は認められなかった（順に,$F(3, 34)=.10$, $F(3, 34)=.37$, $F(3, 34)=.24$, 全てns）。今回,予想される規定因として,母親自身の生育過程に関する要因に着目したが,MMの量的豊富さならびに質的な内容の特徴とは,関連していなかった。

さらに,出産以前の子どもとの接触経験の豊富さとも関連はなく,母親が有している過去の経験によるMMへの影響は見出されなかった。先述のように,MMの高さには,母親が現在育てている乳児の出生順位,すなわち母親が持つ実際の養育経験の豊富さによる差も認められていない。これより,MMは実際に子どもにふれ,育てるという経験のみによって,高められるものではないと

(2) 現在の家庭の雰囲気について

③家庭の肯定的情緒的雰囲気の得点は平均36.41点（SD：3.21），否定的情緒的雰囲気得点は平均22.15点（SD：4.46）であった。

MM 得点とこれらの得点との相関係数を求めた結果，高い MM 得点を持つ母親は，家庭内で肯定的な情緒を表すという得点が高いことが明らかとなった（r = .39, p < .05）。また，MM の質的グループの中で MM 帰属低群は，思考認知帰属群に比べて，有意に家庭内での肯定的な情緒的雰囲気得点が低いことが示された（$F(3, 34)$ = 4.24, p < .05）。MM の低群以外の3つの群の間に差は見られず，やはり MM の量が関係していると思われた。

MM 測定実験では，母親に自身の言葉によって（母親が存在すると想定した）乳児の心の世界を描写することを求めた。こうした言語的表現のしやすさは，日頃，家庭内で感情を表現する雰囲気と連続している点があったのだと解釈される。特に，乳児刺激に対して報告された心的帰属の内容には，敵意や非難といった否定的内容は見られなかった。MM の高さには，肯定的な情緒的雰囲気との関連が示されたのだと考えられる。

(3) 乳児観・共感性・アニミズム傾向について

④一般的乳児観における2つの内容について，「創造的な存在」イメージは平均18.54点（SD：1.19），「未熟な存在」イメージは平均6.00点（SD：1.82）であった。

MM 得点との関連として，乳児に対して「創造的な存在」というイメージを持つ母親ほど，MM 得点が高いことが示された（r = .40, p < .05）。

一方，MM の質的グループについて，感情・欲求帰属群は全般的帰属群よりも，乳児をより「未熟な存在」と考えていることが示された（$F(3, 34)$ = 3.12, p < .05）。「未熟な存在」というイメージ得点は，感情・欲求帰属群の母親が，帰属低群も含めた他の群と比較して最も高かった。感情・欲求帰属群の母親には MM 測定場面においても乳児への「未熟な存在」という乳児観の表れが認められたのではないだろうか。つまり，「（物を）取って欲しい」「助けて欲しい」

といった回答，すなわち未熟で他者に依存しているとみなされた乳児が他者への欲求を示している，という回答がMM測定実験で多く見られたのだと考えられる。乳児という存在をどのようにとらえているかという母親の乳児観の差異が，具体的な乳児の行動に対して想起する乳児の内的状態の違いと関係していると考えられるだろう。

次に，乳児以外の対象に対する心的帰属のしやすさに関するものとして，⑤空想傾向は平均10.79点（$SD:3.43$），⑥他者一般に対する内的状態への接近のしやすさは平均9.64点（$SD:1.78$）であった。これらの得点とMM得点の相関係数を求めた。しかし，有意な相関は認められなかった（順に$r=.25$, $r=.17$, ともにns）。MMの質的グループにも，有意な群間差は見られなかった（$F(3, 34)=1.12$, $F(3, 34)=.21$, ともにns）。

人以外に対する心的帰属傾向として，⑦アニミズム傾向の各得点についての分析を行った。アニミズムにおける心的帰属の感覚は平均9.72点（$SD:2.29$），表現については平均8.67点（$SD:2.50$）であった。これらの得点にも，MM得点との有意な相関は認められなかった。MMの質的グループ間にも，有意な差は認められなかった。

これらの結果について，特にMM得点が，乳児に限定されない他者，つまり人一般の心的世界に意識を向けやすい傾向や共感性と関連していなかったことが注目されるだろう。本調査の結果と同様に，島・小原・小林・上嶋（2009）においても，成人への共感性の高低は乳児刺激からの心の読み取りに影響しないことが報告されている。未だ幼い乳児に対する心的世界の想定というMMは，他者，特に成人という対象に向けられる心的帰属傾向とは峻別されるものであることを示している重要な結果であると考えられる。

4．乳児に向けた特別な心の帰属

本節では，乳児の母親が持つMMと複数の要因との関連を問うことで，MMの個人差の規定因についての検討を実施した。

分析より，母親の特性要因について，いくつかの興味深い結果が得られた。まず，乳児へのMMは，成人一般への共感性などとは関係を持たないことが示された。成人と乳児に対する心的帰属の差異について，第1章第2節でふれた

ように，乳児が生得的に有している特徴が影響している可能性が考えられる。乳児は，十分な養育を受けることを可能とするために成人を引き寄せるような身体的特徴を持つという。乳児図式と呼ばれる広い額，大きな瞳や丸みを帯びた乳児特有の体つきは，大人を惹きつけるのに大きな効力を有していると考えられている（Lorenz, 1943）。また，乳児が示す共鳴動作も乳児に関わる大人にとって魅力的である。乳児の側に明確な伝達意図がなかったとしても，乳児の視線や手足の動き，表情の変化などは大人にとって雄弁で，解釈や意味の帰属を誘発するものとなりやすいと考えられる（Adamson, 1995/1999）。乳児が有しているこのような特徴，そしてそれに反応するように大人の側にも備えられた特徴が，成人に対する共感性と乳児への MM との相違の根底に存在している可能性が考えられるだろう。

　さらに，人以外の動物や人形に対するアニミズム傾向と MM の関連を分析したが，関連性は認められなかった。特に人形やぬいぐるみに対する心的帰属は，無生物が実際には心的世界を持ちえないという意味で，人形を見る主体の心の状態の投影であると考えられる。つまり，人形という相手の中に心の存在を仮定し「読み取る」のではなく，外側から見ている者の想像や想いを「当てはめる」という構造が想定される。しかし，乳児に対する MM には，こうしたアニミズム傾向が関連しておらず，乳児に対する MM は，乳児を見ている母親による一方的な心の投影や当てはめではないことを示唆していると考えられる。さらに，MM 得点は，全般的な乳児観として「乳児は一人の独立した人間である」あるいは「発想が豊かである」といったイメージの高さと相関していた。この結果を踏まえると，高い MM を示した母親は，乳児は一人の独立した人間であり，創造的な存在であるという前提のうえで，母親自身によって乳児の内側にあると想定された乳児の心の状態を読み取ろうとしていたのではないだろうか。そして，こうした結果から，本章で測定している MM の高さが，母親による一方的な心の当てはめや投影ではなく，乳児の心の存在を仮定し，それを読み取ろうとする傾向に焦点化したものであることが示されたと考えられるだろう。

　以上本節では，MM の個人差について，その規定因に関する基礎的知見を得るべく，複数の要因との関連性を検討した。先行研究では母子相互作用場面で

観察された，母親による我が子の心的状態に対する適切な言及行動の個人差の規定因に関する検討が行われている。そして，妊娠の計画性や出産への主観的な評価と有意な関連が報告されている（Meins, Fernyhough, Arnott, Turner, & Leekam, 2011）一方，共通の乳児刺激に対する心の帰属傾向に認められる母親の個人差の規定因の検討は本書が初めて取り組んだものである。結果として，MM と関連が認められたものは乳児観あるいは家庭の情緒的雰囲気という要因であった。乳児への言語的行動と，MM という認知的な見方に影響を及ぼす要因に差異があるのかを検討することも今後の課題であろう。特に，本調査で設定した要因以外にも，MM に影響を及ぼすような考慮すべき項目が多く存在することは否めない。例えば，乳児の内的世界を想定し，そこに働きかけていくということを可能にする現実的な環境要因として，育児や生活に対する不安の低さや，時間的・経済的なゆとり，母子双方の心身の健康状態などが考えられよう。また，育児に対する肯定的（あるいは否定的）感情の程度なども関連している可能性がある。今回は調査項目に含めなかった他の要因をさらに組み込み，また，サンプルサイズを大きくしたうえで規定因に関する知見を継続的に積み上げていくことが必要であると思われる。

第6節 まとめ

本章では，母親の豊富な MM を測定するために，共通の乳児ビデオ刺激を用いた独自の測定方法の考案を行った。この測定実験について，実際に乳児を育てている母親を対象に測定を実施した。その結果，共通の乳児の映像に対して，母親によって乳児の内的状態の存在を想定する量や，想定する具体的な内容に差があることが示された。こうした母親間の個人差は，これまでの研究では養育者と非養育者の比較，あるいは性差などに比して相対的に過小視されてきた。本章における実験において，乳児の母親という共通した属性の中にも無視しがたい差異が存在することが示されたと考えられる。

実験でとらえられた MM の量的および内容面での特徴は，その母親が実際に自分の子どもと遊ぶ際の行動とも関連していることが，観察研究により見出された。測定された MM は，母子相互作用場面で母親が示す，乳児への心的語

彙の付与や，乳児との注意の共有行動，3項やりとりの実践と関連していた。

　さらに，質問紙調査の結果から，母親のMM個人差の規定因として，母親が有している乳児に対するイメージ，あるいは現在の家庭における情緒的雰囲気といった要因が挙げられることが示された。

　母親が有するMMの測定に関して，Meinsら（2001）は子どもに対する母親の行動すなわち実際のパフォーマンスに注目し，一方，本章では共通刺激への反応をとらえることで母親個人のコンピテンスに焦点化した。ともにMM測定を企図する2つの方法は各々異なる特徴を持つものである。子どもの心的理解を支える環境要因として，子どもと緊密な関係性を取り持つ母親側からの寄与を実証的に検討する際には，母親個人の特性としてMMをとらえる方法が必要だと思われる。本章で開発を試みた，MMの認知的側面の測定方法について，実施の結果からは実際に母親間での個人差が認められ，さらに，予測された養育行動の関連も見出されたため，実用可能な測度として有効であると考えられる。

　そこで次に，豊富なMM，すなわち，養育者がつい乳児の心を豊かに想定して関わることが，目掛けた訳ではなくとも結果的には周到に，日常生活の中に子どもの心の理解を支える足場を散りばめている可能性について，検証を行っていきたいと考える。次章以降では，本章で測定された母親の豊富なMMの得点と内容の特徴が，子どもの乳児期から幼児期において，子どもとのやりとりや子どもの発達にどのような影響を持ちうるのかを明らかにしていくこととする。

第 3 章

縦断研究（前半）：
母親の「乳児の心に目を向ける傾向」と乳児期の発達

第1節　親子の長期縦断研究

　第2章では，乳児の母親を対象に Mind-Mindedness（MM）の測定を実施し，この傾向に母親間で個人差が認められることを示した。本章では，次なるステップとして，こうした母親のMMが長期的に，子どもの発達にどのような影響を与えるのかを検討する。MMに関する先行知見，および，Meins の理論に依拠し，第2章で測定された母親のMMは，子ども側に育まれる他者の心の理解能力の発達を促進するだろうという仮説について検証する。さらに，母親のMMは日頃の養育行動にバイアスを及ぼし，子どもの発達の足場となるような養育の具現化につながっているだろうと予想する。この2つの仮説について，本章では，子どもの乳児期後期における知見を得ることを目的とする。

1．縦断研究の目的
(1) 母親の MM による養育行動への影響
　前章では，乳児刺激への反応として測定された母親のMMと，その測定と同時期に観察された子どもへの具体的な行動との関連を検討した。その結果，生後6ヵ月時に測定された母親のMMの高さが，実際の母子相互作用場面における乳児の内的状態への言及のしやすさ，あるいは乳児との注意の共有のしやすさ，3項やりとりの実践と関連することが見出された。ただし，この検討は生後6ヵ月時におけるMMと母親の行動との同時期相関の分析にとどまっている。発達早期に測定された母親のMMは，その後も続く親子やりとりに対して，時点を超えて影響を与え続けていくのだろうか。
　これまでの研究では，母親のMMが子どもの発達における「どの時期」の親子やりとりに作用するのかという，時間軸を考慮した検討はなされておらず，理論的考察も行われていない。そこで本章では，第2章でMMを測定した母親とその子どもを対象に追跡調査を実施して母子相互作用を観察し，子どもの内的状態に対する言及頻度，および，乳児との注意の共有スタイルについて生後6ヵ月時に引き続き分析を行うこととする。そして，乳児期後期において，測定されたMMと母親の行動に関連が認められるのかを問うことを，第1の

目的としたい。

　本章では，MM 測定実験から 3 ヵ月後（生後 9 ヵ月時）および12ヵ月後（生後18ヵ月時）に母子を追跡調査し，以下の調査を実施する。まず，家庭での母子相互作用を観察し，Meins（1997）が仮定するように，高い MM 得点を有する母親が自分の子どもの心的世界に焦点化しやすく，心に関する発話を行うことが実際に多いのかを検証する。また，MM 理論モデルでは母子が対象を共有するやりとりが注目されていることから，MM が高い母親は，乳児がある対象に視線を向けた時，乳児の意図性や対象に関する好みといった心的見解の存在を想定しやすいのではないかと考えられる。MM の高さ故に子どもの注意の所在に敏感であるとすれば，母親は子どもの視線を追従することが多いと予想される。第 2 章における生後 6 ヵ月時の分析と同様に，非言語的行動も含めて母親による乳児の注意への反応の仕方に注目し，予想される MM との関連を問うこととしたい。

　なお，MM の質的グループについて，第 2 章の分析結果から，感情・欲求帰属群の母親は，実際に自分の子どもの欲求状態に対する言及が多い傾向が見られた。生後 9 ヵ月時および18ヵ月時においても，MM 測定場面で母親が読み取りやすかった内容と，実際の子どもに対する内的状態の言及内容に関連が見られるのではないかと予想し，これを検証することとしたい。また，乳児との注意の共有スタイルについて生後 6 ヵ月時の分析から，帰属低群の母親には「静観」が多く，乳児と注意を共有しようとする行動が少なかった。一方，感情・欲求帰属群の母親は乳児の注意追従が多いといった特徴が見られた。こうした MM 質的グループの特徴がその後も認められるのかを追跡調査によって検討する。

(2)　**母親の MM による乳児期の心の理解能力の発達への影響**

　次に，本章では母親の認知的特徴としての MM が，乳児期後期における子どもの発達に及ぼす影響の有無について検討を行いたいと考える。乳児期に測定された母親の MM は，4 歳，5 歳になった子どもの心の理論獲得を予測するという報告（Meins et al., 2002; 2003）により多くの注目を集めてきた。しかしながら，これまで，心の理論以外の子どもの発達的帰結への影響は問われてこな

かった。特に，幼児期における心の理論獲得以前の，より幼い時期の子どもの心の理解能力への影響が検討されていない。母親のMMは乳児期の子どもの発達にも早くから寄与しているのではないだろうか。発達早期に母親のMMを測定した子どもを対象に，乳児期から幼児期に亘る縦断研究を実施し，MMによる子どもの心の理解発達への影響を複数時点で検討する必要がある。第3節では長期縦断デザインの中で，乳児期後期における子どもの発達についての知見を得ることを目的としたい。

2．縦断研究のデザイン

以上の目的について，本章ではMM測定実験の対象者（第2章）である母親とその子どもを追跡調査し，縦断的にデータを収集することとした。調査時期は子どもの生後9ヵ月時と18ヵ月時とした。

各月齢時における，追跡調査の対象となった母子の数をTable 3-1-1に示す。追跡調査の性質上，生後18ヵ月時の調査対象となった母子の数は，生後6ヵ月の調査時から減少した。その主な理由は，転居，母親の就労復帰などであった。分析対象数に変化があるため，各時期の調査対象となった母親たちのMM得点の平均，および，MM質的グループの内訳人数を，参考のためTable 3-1

Table 3-1-1　第3章における追跡調査の対象母子の数と属性

調査時期	対象数	子どもの属性		母親のMM	
9ヵ月時 (調査2回目)	母子38組	平均月齢 レンジ 性別 出生順位	：9ヵ月20日 ：9ヵ月6日- 　10ヵ月9日 ：男女各19名 ：第1子22名 　第2子以降16名	MM得点 　平均：9.05（SD：3.05） MM質的グループ 　帰属低群　8名 　感情・欲求帰属群　7名 　思考認知帰属群　13名 　全般的帰属群　10名	
18ヵ月時 (調査3回目)	母子35組	平均月齢 レンジ 性別 出生順位	：19ヵ月18日 ：18ヵ月3日- 　22ヵ月16日 ：男児16名 　女児19名 ：第1子20名 　第2子以降15名	MM得点 　平均：8.94　（SD：3.62） MM質的グループ 　帰属低群　8名 　感情・欲求帰属群　6名 　思考認知帰属群　12名 　全般的帰属群　9名	

-1に併せて示した。

第2節　母親のMMと乳児への養育行動

　子どもが生後6ヵ月時に測定された母親のMMが，測定の3ヵ月後，および12ヵ月後における子どもへの行動，特に，子どもの心の理解能力の発達を促進するような養育行動の実践と関連しているのかを検証する。具体的には，母親による子どもの内的状態への言及頻度，および，子どもとの注意の共有スタイルを分析対象とする。各調査時期に実施した母子相互作用場面の観察結果を順に示していく。

1．9ヵ月時の観察

　子どもの生後9ヵ月時に観察者が各家庭を訪問し，母子の自由遊び場面（10分間）のビデオ撮影を行った。玩具としてボール，人形，車の玩具を用意したが，その他各家庭にある玩具も自由に使用し，普段どおり遊んで欲しいという旨を伝えた。9ヵ月時に観察された母子遊びの様子の一場面をFigure 3-2-1に示す。この写真は生後6ヵ月時に関するFigure 2-4-1と同一の母子の，生後9ヵ月時の様子である。

(1)　子どもの心についての発話

　母親の全発話を書き起こし，母親が自発的に子どもの内的状態に言及している発話を抽出，カウントした。さらに，抽出された発話の内容について下位分類を行った。下位カテゴリーは，Brown & Dunn (1991) などに基づき，第2章における生後6ヵ月時の分析に用いたものと同様の基準に沿ったものとした（Table 2-3-1を参照）。

　観察された10分間において，母親が乳児の内的状態に言及した回数の平均は10.55回（$SD:8.16$）であった。また，レンジは0-34回であり，母親によって自由遊び場面におけるこうした発話には個人差が大きいと考えられた（Table 3-2-1）。

　これらの母親の発話について，先に測定された母親のMM得点との関連を

Figure 3 - 2 - 1 9ヵ月時の母子自由遊び場面の様子

検討した。分布に偏りがあった変数はSpearmanの順位相関を求め，それ以外の変数はPearsonの相関係数を求めた。その結果，子どもの内的状態への言及合計数に有意な関連が認められた（$r = .47, p < .01$）。下位カテゴリー別の言及頻度についても，思考認知状態を除く全てに有意な正の相関および相関傾向が認められた（Table 3 - 2 - 2）。

Table 3 - 2 - 1 生後9ヵ月時の母子自由遊び場面における母親による子どもの心への言及頻度の平均値（標準偏差）[a]

	全体 M(SD)	帰属低群 M(SD)	感情・欲求 帰属群 M(SD)	思考認知 帰属群 M(SD)	全般的帰属群 M(SD)
内的状態への言及					
合計	10.55(8.16)	3.25(2.96)	13.57(6.32)	12.46(10.46)	11.80(5.41)
感情状態	5.08(4.51)	1.75(1.91)	6.71(5.09)	6.08(5.45)	6.08(5.45)
欲求状態	3.95(3.10)	1.25(1.17)	5.14(3.19)	4.62(3.50)	4.40(2.63)
思考認知状態	0.34(0.71)	0.13(0.35)	0.29(0.76)	0.46(0.88)	0.40(0.70)
生理的知覚状態	1.18(2.24)	0.13(0.35)	1.43(2.44)	1.31(2.69)	1.70(2.36)

[a] 10分間あたりの言及回数。

Table 3-2-2　MM 得点と生後 9 ヵ月時の母親の発話との相関

	子どもの内的状態への言及頻度			
合計	感情状態[a]	欲求状態	思考認知状態	生理的知覚状態[a]
.47**	.42**	.30†	.06	.31†

[a] Spearman の相関係数。　†$p<.10$　*$p<.05$　**$p<.01$

次に，MM 質的グループとの関連について，MM 質的グループを独立変数，内的状態への言及数を従属変数とする 1 要因分散分析を実施した。主効果が認められた場合は Tukey の *HSD* 法による多重比較を行った。また，分布に偏りがあった変数については Krascal Wallis の検定を行い検討した。

分析の結果，言及合計数において群間に有意差が認められ（$F(3, 34)=3.34, p<.05$），帰属低群は思考認知帰属群よりも乳児の内的状態に言及する回数が有意に少なく，また，感情・欲求帰属群，および，全般的帰属群よりも少ない傾向が示された。具体的な言及内容については欲求状態への言及数に主効果が認められ（$F(3, 34)=3.08, p<.05$），帰属低群は，感情・欲求帰属群と思考認知帰属群に比して子どもの欲求に関する言及が少ない傾向が認められた（Table 3-2-1 を参照のこと）。

(2) 子どもと注意を共有するスタイル

次に，母親の養育行動として，非言語的行動を含めて，子どもの注意に対する関わり方に着目した分析を実施した。方法として，第 2 章で実施した生後 6 ヵ月時の母親行動の分析と同様に行った。まず，10 分間の母子やりとり場面における母親の行動について「注意追従」，「注意転換」，「静観・その他」の 3 つのカテゴリーを設けた。5 秒を 1 フレームとする排反的コード化を行った。行動カテゴリー毎に，チェックされたフレーム数を合算し得点とした。なお，子どもと母親の注意の方向は視線の方向から同定した。

また，やりとりの形についても 6 ヵ月時と同様に「静観・その他」に分類された以外のフレームについて，「2 項やりとり」と「3 項やりとり」に分類した。上と同じく，5 秒を 1 フレームとする排反的コード化を行い，それぞれのチェックされたフレーム数を合算して得点化した。

子どもと注意を共有する関わり方の記述統計量について，Table 3-2-3 に

示す。

　MM 得点と母親の行動の関連を検討した結果,「注意追従」「注意転換」「静観・その他」のいずれに関しても, MM 得点との有意な相関は認められなかった。さらに, 2 項および 3 項やりとりの実践と MM 得点にも有意な相関は見られなかった (Table 3-2-4)。

　次に, MM 質的グループとの関連について 1 要因分散分析による検討を行った。Table 3-2-3 に各群の母親の結果を示した。しかし, いずれの関わり方についても質的グループの主効果は認められなかった (「注意追従」「注意転換」「静観・その他」の順に $F(3, 34) = .01$, $F(3, 34) = .22$, $F(3, 34) = .07$, 全て ns)。また, やりとりの形として, 2 項および 3 項やりとりの実践との関連も分析を行ったが, MM 質的グループによる群間差は認められなかった。

　これより, 生後 9 ヵ月時点においては, 生後 6 ヵ月時点で認められた母親の MM と乳児との注意の共有スタイル, およびやりとりの形との関連は消失していることが示唆された。

2. 18ヵ月時の観察

　子どもが生後18ヵ月になった時点で筆者が再び各家庭を訪問し, 母子の自由

Table 3-2-3　生後 9 ヵ月時の母子相互作用場面における母親による子どもとの注意の共有スタイルの記述統計量[a]

	全体 M(SD)	帰属低群 M(SD)	感情・欲求帰属群 M(SD)	思考認知帰属群 M(SD)	全般的帰属群 M(SD)
注意追従型	44.45(14.99)	41.50(17.93)	43.57(13.49)	44.40(12.96)	46.77(16.62)
注意転換型	33.34(16.56)	34.25(11.84)	33.86(20.64)	32.60(17.11)	33.08(18.15)
静観・その他	33.03(20.61)	34.50(23.04)	33.29(19.96)	32.70(17.26)	32.23(23.99)
2 項やりとり	15.03(11.66)	16.25(18.17)	12.43 (6.71)	13.20(11.15)	17.08 (9.93)
3 項やりとり	62.76(22.56)	59.50(26.12)	65.00(24.32)	63.80(16.34)	62.77(25.78)

[a] 数字は母子遊び10分間中における, 子どもの注意に関わる母親の各行動の平均得点(標準偏差)。

Table 3-2-4　MM 得点と生後 9 ヵ月時の母親の行動との相関

子どもの注意に絡む関わり			やりとりの形	
注意追従型	注意転換型	静観・その他	2 項やりとり	3 項やりとり
.06	.02	-.05	-.12	.14

遊び場面（10分間）のビデオ撮影を行った。動物や植物の形に切り抜かれたスポンジ製の玩具，積み木を用意したが，その他各家庭にある玩具も自由に使用し，普段どおり遊んで欲しいという旨を伝えた。

生後9ヵ月の分析から，母親のMMは，母親による子どもの内的状態についての発話行動とのみ関連していることが認められた。そこで18ヵ月時の観察では，母親の発話に注目した分析を実施した。

9ヵ月時と同様に，母親が子どもの内的状態について発話した頻度と内容について得点化を行った。母親の発話について記述統計量をTable 3-2-5に示す。観察された10分間における，母親が乳児の内的状態に言及した発話の回数は平均8.94回（SD：6.91），レンジ0-29であった。6ヵ月および9ヵ月時よりも，全体的に乳児の心に対する発話はやや減少していたが，母親間のばらつきは依然大きいことが窺えた。

母親の発話について，母親のMM得点との関連を検討した。分布に偏りがあった変数はSpearmanの順位相関を求め，それ以外の変数はPearsonの相関係数を求めた。子どもの内的状態への言及合計数はMM得点と有意な相関を持つことが認められた（$r = .40$, $p < .05$）。ただし，下位カテゴリー別の言及頻度にはMM得点との相関は示されなかった（Table 3-2-6）。

次に，MM質的グループによって母親の発話に差異があるのかを検討した。子どもの内的状態への言及合計数について1要因分散分析を実施した。しかし，有意な差は認められなかった（$F(3, 31) = .87$, ns）。下位カテゴリー毎の言及数についても，Krascal Wallisの検定の結果から，MM質的グループの間に差は見られなかった（感情状態 $\chi^2(3) = 2.34$，欲求状態 $\chi^2(3) = .81$，思考

Table 3-2-5 生後18ヵ月時の母子自由遊び場面における母親による子どもの心への言及頻度の平均値（標準偏差）[a]

	全体 $M(SD)$	帰属低群 $M(SD)$	感情・欲求帰属群 $M(SD)$	思考認知帰属群 $M(SD)$	全般的帰属群 $M(SD)$
合計	8.94(6.91)	6.12(5.22)	12.17(10.03)	9.17(5.92)	9.00(7.21)
感情状態	3.66(4.14)	1.50(.76)	4.67(5.47)	3.92(3.90)	4.56(5.16)
欲求状態	3.54(3.49)	2.75(2.71)	5.17(5.04)	3.33(2.74)	3.44(4.04)
思考認知状態	.57(1.09)	.62(1.06)	.83(1.60)	.42(.67)	.56(1.33)
生理的知覚状態	1.17(1.67)	1.25(1.91)	1.50(1.87)	1.50(1.83)	.44(1.01)

[a] 10分間あたりの言及回数。

Table 3-2-6　MM得点と生後18ヵ月時における母親の発話との相関

	子どもの内的状態への言及頻度			
合計	感情状態[a]	欲求状態[a]	思考認知状態[a]	生理的知覚状態[a]
.40*	.21	.17	.05	.25

[a] Spearmanの相関係数。　　＊ $p < .05$

認知状態 $\chi^2(3) = .38$，生理的知覚状態 $\chi^2(3) = 2.79$，全てns）。

3. 考　察

　本節の目的は，母親の認知的特徴としてのMMが，日々の母子相互作用における母親の行動に影響し，子どもの心的理解を促進するような複数の足場を提供しているという仮説について，生後1年目の後半から2年目における実証的検討を行うことであった。以下，母親による心的語彙の付与と，乳児との注意の共有の2点について，得られた結果を考察する。

(1) 子どもの心についての発話

　まず，生後9ヵ月時と18ヵ月時の双方における子どもとの10分間の自由遊び場面の観察結果から，母親が子どもの内的状態に自発的に言及する回数にはばらつきが大きいことが窺えた。特にレンジを見ると前者では0-34回，後者では0-29回となっており，2時点ともに母親によって差があることが示唆された。

　各時期で認められた，子どもの内的状態への言及総数と先に測定された母親のMM得点との相関分析について，生後9ヵ月時，18ヵ月時ともに，正の相関関係にあることが認められた。生後6ヵ月時の母親の発話に関する分析結果を踏まえると，高いMMを持つ母親の子どもは，生後6ヵ月から18ヵ月時点の3時点に一貫して，母親から内的状態を言語化され，豊富な心的語彙にふれているということが明らかとなった。

　次に，母親の発話内容の下位分類について，生後9ヵ月時の分析結果からは，生起数自体が少なかった思考認知状態への言及を除き，複数の内的状態への言及数とMM得点が関連していた。MMの量的豊富さは，幅広い内容に亘りながら子どもの心に頻繁に言及するという母親の行動に関係していることが示唆

された。ただし，生後18ヵ月時点では，内的状態語の下位カテゴリー別のカウント回数と，母親のMM得点との間に個別の相関関係は認められなかった。母親のMM得点が乳児期の子どもに対する特定の内的状態への言及を予測することは示されなかったものの，全体として，子どもに心的語彙を付与するという言語的関わりの多さを予測することが示唆された。これより，乳児に対して心的世界の存在を想定しやすい，という母親の認知的特徴は，実際の子どもへの行動として，心的語彙を豊富に与えることに影響するだろうという仮説を支持する結果が得られた。

次にMMの質的特徴に関して，生後9ヵ月時点の分析から，内的状態帰属低群の母親は実際の母子やりとり場面でも自分の子どもの心的世界に言及することが全般的に少なく，具体的な内容としても，特に欲求状態に関する言及が他の群よりも少なかった。ただし，帰属低群以外の3群間には言及数の差異がなく，MMの内容面での特徴は，生後9ヵ月時に観察された母親の実際の発話内容とは関連していなかった。さらに，生後18ヵ月時の観察からも，実際の母親の発話と，MM質的グループとの関連は認められなかった。

MMの量と質に関する分析結果から，母親の認知的特徴として，乳児刺激に対して何を読み取るかという内容面の偏りは，実際の言語的な養育行動には反映されないものの，乳児刺激に何らかの心的世界を想定しやすい，という総体的な量の豊富さが，実際に自分の子どもとやりとりをする際の，子どもの心に焦点化した発話の量と関係していることが示された。母親が乳児に対してどのような内容の内的状態を想定するのかには，乳児のその時の表情や場面などの情報が関与していると考えられる。MM測定実験で使用したビデオクリップの場面や，乳児の行動，表情などの情報は，必ずしもそのまま，母子自由遊び場面の内容と一致するわけではない。したがって，MMの質的特徴は，実際の母子遊び場面における発話には，そのままの形では現れにくかったとも考えられた。しかし，MM得点と3時点における母親の発話の相関関係は，乳児に心の存在を仮定しやすいという姿勢そのものの強さ自体が，場面や状況を越えて，子どもの内的状態の言語化という行動に影響することを示唆するものであると考えられる。

(2) 子どもとの注意の共有スタイル

　生後9ヵ月時に実施した観察において，母親が子どもと注意を共有するスタイルに着目した分析を実施した。しかし，「注意追従」「注意転換」「静観・その他」のいずれに関しても，MM 得点および質的グループとの関連は認められなかった。本書第2章において，生後6ヵ月時に同様の分析を行った際には，MM 得点と「注意追従」の相関，および，MM 質的グループ間における母親行動の差異が複数認められていた。生後9ヵ月時，MM との関連が消失している訳だが，その背景として乳児の身体的発達，特に移動能力の獲得による影響が考えられた。

　生後1年目の後半以降，乳児の移動能力は徐々に拡大しハイハイや伝い歩きによる移動が開始されるが，本書の観察においても9ヵ月児の活動は3ヵ月前よりも活発化していた。Figure 3-2-1 からも，乳児の移動能力が発達し，行動のバリエーションが拡がっている様子が見えるだろう。乳児の移動運動開始によって養育者の関わり方が変化することが指摘されているように（Campos, Kermoian, & Zumbahlen, 1992），本研究でも母親が9ヵ月児の頻繁な能動的行動に対して安全確保のための環境を整えたり，移動やモノの扱いを統制したりしながら他の対象や母親自身へと乳児の関心を喚起させる様子などが観察された。

　相互作用における母子の行動は必然的に影響を受け合うものと考えられるが，乳児側の移動運動による活動水準の高まりによって，母親には子どもの活発な動きへの対応や周囲の安全確認などの行動が多くなり，MM という特性による母親自身の行動への影響力が相対的に減じている可能性があるのではないだろうか。生後18ヵ月時に行われた母子自由遊び場面の観察でも，子どもの側に歩行能力の発達が認められ，子どもが自由に移動しながら遊ぶという様子がより多く認められた。こうした子ども側の発達による，母親の非言語的な行動への影響が大きいのではないかと考えられた。

　Meins（1997）は MM が具体的な子どもへの接し方に与える影響を複数仮定していたが，そこには子どもの発達的変化が考慮されていない。しかし，子ども側の身体運動の拡大やコミュニケーション能力などの発達に伴い，母子相互作用の有り様は時期によって変化していくと予想される。本論では母親の行動

を複数の側面からとらえ分析対象としたことにより，子どものある発達段階において特異的に MM が影響する養育行動（注意の共有スタイル）と，複数の時点において一貫して MM との関連が認められる養育行動（心的語彙の付与）があるという，新たな知見が得られたと考えられる。

第3節　母親の MM と乳児期の心の理解の発達

　第2章，および本章第2節より，母親の MM は子どもとの間で現実に展開される母子やりとり場面での，母親の行動と関連していることが明らかとなった。特に，子どもの内的状態に対する豊富な言及といった母親の行動は，子どもの心の理解能力の発達を促進すると考えられている。

　そこで本節では，母親の MM が，子どもの心の理解能力の発達に乳児期からすでに促進的働きを持ちうるだろうと予想し，特に乳児期において発現する共同注意能力の発達に寄与するという仮説を設けた。さらに，言語発達の進む生後2年目には，子どもによる心的語彙の使用ならびに理解の発達と母親の高い MM が関連しているだろうと予測した。これらの仮説について，子どもを対象とする共同注意行動の実験，および子どもの言語発達の調査による検証を行う。

1．9ヵ月時の発達
(1)　他者の指差しを理解する

　乳児期に進む他者の心の理解能力として注目され，後の心の理論とも関連すると考えられているものに，共同注意行動の発達がある。特に，他者の視線追従（Butterworth & Jarrett, 1991）とともに，生後9ヵ月頃に発達する行動として他者の指差し理解（Morissette, Richard, & Gouin Decarie, 1995；大神, 2005）が重視されている。本章では，9ヵ月児が実験者の指差す方向について注意を共有することを問う実験を実施し，母親の MM との関連について知見を得る。

　Meins（1997）で想定されているように高い MM をもつ母親が子どもと対象を共有したやりとりを多く展開しているとすれば，その経験の豊富さから，子どもは他者の注意の在処を理解することに優れていると予想される。MM による子どもの心の理解発達の促進が生後1年目においてもすでに認められるの

か，検証を行うこととする。

なお，MM質的グループについて，MMの内容面の特徴は第2章で新たに見出されたもので，子どもの発達への影響についてはこれまで議論されていない。そこで，この質的特徴と共同注意能力との関連については探索的分析を行い，MMの量的豊富さ以外の側面が持ちうる影響について知見を得ることとする。

(2) 実験の手続き

子どもの生後9ヵ月時点で筆者が実験者として各家庭を訪問し，乳児を対象に個別の実験を行った。実験はMorissetteら（1995）を参考にしながら，家庭で実施可能な形に，また，刺激呈示の条件を揃えるために実験者の指差しへの反応を問う形に改変した。各家庭での条件を統制するため椅子や机は使用せず，床の上に子どもと対面して実験者が着座し，正中線から左右60°の方向，乳児から約1.2mの位置にそれぞれターゲット（高さ約9cmのプラスチック製の動物の玩具2種）を配置した。乳児が母親の膝の上に座る場合もあったが，その際母親には声や動作で乳児を刺激しないよう教示した。また，周囲からターゲット以外の顕著な視覚的刺激を排除するよう配慮した。

実験者は乳児の名前を呼んで視線をあわせてから，左右いずれかのターゲットに向けて頭部回転を伴う指差しを行い（3秒間保持），その後指差しをやめ，乳児の方へ視線と頭部の向きを戻した。指差し呈示は3試行であり，1試行目の方向はランダムに，その後は左右交互に実施した。実験は全てビデオ録画された。

実験者の指差し呈示後の乳児の視線に基づき，指差しへの反応の正誤を分類した。正反応は，指差された対象や方向への注視，誤反応は指差し以外の方向，実験者の顔，指や手への注視とした。乳児の調子や誤試行（指差し呈示前のアイコンタクトの不成立など）により分析対象となる試行数にばらつきが出たため[6]，正反応の回数を試行数で割り，指差しの理解率を計算した。

信頼性について，訓練を受けた大学院生1名と筆者が乳児11名分の指差しへの反応（全協力者の29.7%）を独立に得点化したところ，$\kappa = .88$の一致率が認

---

[6] 分析対象が2試行となったものが11ケース，1試行となったのが6ケースであった。

められた。残るデータは筆者1名で分析を行った。

(3) 結　果

指差し理解率の平均は46.85%（SD：40.03）であり，こうした共同注意行動はまさに発達過程にあったと考えられた。ただし，正反応率が100%となる乳児が9名，60%以上が8名認められた一方，40%以下が17名存在するなど，乳児の指差し理解の成績にばらつきがあることが窺えた。

まず，母親のMM得点と乳児の指差し理解率についてPearsonの相関係数を求めた。しかし，有意な相関は認められず（$r=-.26$, ns），母親の高いMMが乳児の指差し理解能力を促進するだろうという仮説は支持されなかった。

次に，乳児の指差し理解と母親のMMの質的特徴との関連について，MM質的グループを独立変数，乳児の指差し理解率を従属変数とする1要因分散分析を実施した。有意な群間差が認められ（$F(3, 33)=3.03$, $p<.05$），TukeyのHSD法による多重比較の結果，感情・欲求帰属群の乳児は，他のいずれの群の乳児に比しても，指差し理解率が有意に低いことが示された（Figure 3-3-1）。

2．18ヵ月時の発達
(1) 他者と注意を共有する

共同注意能力の発達の萌芽期である生後9ヵ月時点の実験から，MMの質的

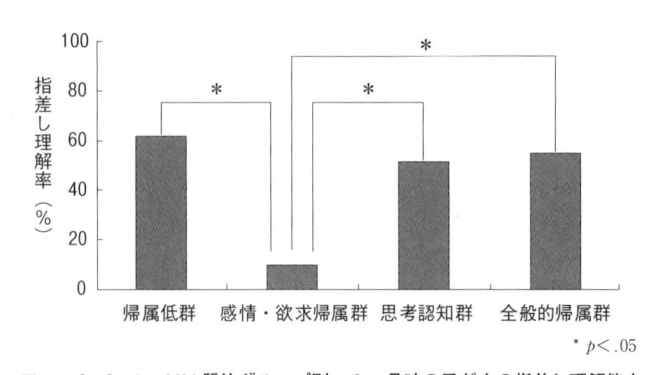

* $p<.05$

Figure 3-3-1　MM質的グループ別　9ヵ月時の子どもの指差し理解能力

グループによって子どもの発達に差があることが見出された。このため，引き続き子どもの共同注意能力に着目した実験を実施した。生後18ヵ月は，より高度な共同注意能力である，乳児の視野外に向けられた対象に対する他者との注意の共有が認められる時期として注目されている。そこで，高い MM を有する母親の子どもは，この時期における共同注意能力が優れているのではないかという仮説について，検証を行った。子どもが生後18ヵ月になった時点で，筆者が家庭訪問を行い，子どもへの実験を実施した。

(a) 実験の手続き

共同注意行動について，他者の注意を理解するのみならず，乳児自身による指差しの産出が1歳前後から見られるようになると報告されている（Butterworth, 1995; Desrochers, Morissette, & Ricard, 1995）。そこで，他者の指差し理解に加え，乳児自身が実験者と対象への注意を共有しようとする行動も新たに実験に含めた。

これらの共同注意能力について，体系的に子どもの発達をとらえることを目的に，Early Social Communication Scales（ESCS: Mundy, Hogan, & Doehring, 1996; Mundy, Delgado, Block, Venezia, Hogan, & Seibert, 2003）より，以下3つの課題を実施した。実験は，机を挟んで子どもと対面して実施し，すべてビデオ撮影を行った。

①近距離の指差し理解課題（応答的行動：低次）

1ページに複数の絵が描かれている絵本を使用し，子どもに呈示しながらページの見開き左右に亘って1つずつ，筆者が絵を指差した。絵本の見開き3ページについて，合計6回の指差しを実施した。実験者の指差しに対する正反応（指差された絵を見る，同じ絵を子どもも指差す，などの反応）の割合を算出し得点とした。

②距離のある指差し理解課題（応答的行動：高次）

子どもが座っている位置の右・左・後方の3方向それぞれ1m離れた場所に，あらかじめ玩具を配置した。実験者は子どもの名前を呼んでアイコンタクトを取ってから，対象の方向に向けて頭部の動きを伴う指さし（3秒間保持）を行い，指差しをやめて子どもの方へ視線と頭部の向きを戻した。その後，次の対

象に向けた指差しを同様の手続きで開始した。子どもの右・左・後方に対する各1回ずつの指差しを1セットとし，合計2セットを実施した。

難易度の差を考慮して，視野内（左右）と視野外（後方）の指差しに対する反応を個別に得点化することとし[7]，実験者の指差しに対する正反応の割合を算出した。

③注意の共有行動課題（自発的行動）

動いたり音が出たりする玩具を子どもに呈示した（3種の玩具で3試行）。実験者との自発的なアイコンタクトや玩具と実験者の交互注視，玩具への指差し，玩具を手に取って実験者に見せる行動（showing）など，子どもが自発的に実験者と対象への注意を共有しようとする行動を見せるかを観察した。当該行動の生起回数をカウントし得点とした。なお，自発的行動のうち，実験者へのアイコンタクト，玩具と実験者の交互注視などを「低次行動」，指差しやshowingを「高次行動」として分類した。

課題の実施順序はESCSの手順に基づき，子どもの様子を見ながら3つの課題を組み合わせてランダムに実施した。実験場面の様子をFigure 3-3-2に示す。

得点化の信頼性について，8名分（全協力者の22.9%）の共同注意行動について訓練を受けた大学院生1名と筆者が独立に分類，得点化した。Cohenのκ係数を算出した結果，「近距離の指差し理解」$\kappa = .77$，「距離のある指差し理解」$\kappa = .80$，「自発的・低次行動」$\kappa = .78$，「自発的・高次行動」$\kappa = .83$のおおむね満足できる一致率が認められた。不一致の点については協議の上決定し，残るデータについては筆者が得点化を行った。

(b) 母親のMMと子どもの共同注意行動の関連

子どもの各共同注意行動について，平均得点と標準偏差をTable 3-3-1に示す。全体的な結果として，近距離と遠距離の視野内への指差しへの正反応率はともに平均80%を超えていた。70%以上の反応率を示す子どもが，35名中，

---

[7] 距離のある指差し課題のうち，視野外への指差しについては，実験上の不備，およびビデオの撮影角度の問題により子どもの反応の確認が困難なものが6ケース存在した。そのため，この変数については以下，29ケースを分析対象とした。

第3節　母親の MM と乳児期の心の理解の発達　93

Figure 3-3-2　生後18ヵ月時における ESCS 課題の様子
子どもが自発的な注意共有行動（showing）を示している場面。

近距離では30名，遠距離では28名であった。低次の自発的行動（アイコンタクトなど）が一度も観察されなかったのはわずか1名であり，ほぼ全ての子どもに行動産出が認められた。これらより，多くの子どもがこうした共同注意行動をすでに獲得しているものと考えられた。

母親の MM 得点と18ヵ月時の各共同注意行動得点の関連を分析した。子ども側の全変数について分布の偏りから，Spearman の相関係数を求め分析を実施した（Table 3-3-2）。その結果，距離のある指差し理解の中で，より難易度の高い，視野外（後方）への指差しに対する反応得点との間にのみ，有意な相関が認められた（$r_s = .44$, $p < .05$）。

次に，MM 質的グループによる各共同注意行動得点の差異について Krascal

Table 3-3-1　生後18ヵ月時の子どもの共同注意行動の平均値（標準偏差）

	全体 ($n=35$)	帰属低群 ($n=8$)	感情・欲求 帰属群 ($n=6$)	思考認知 帰属群 ($n=12$)	全般的帰属群 ($n=9$)
自発的行動[a]					
低次	4.11(2.86)	3.25(2.38)	5.00(2.76)	4.08(3.37)	4.33(2.83)
高次	2.94(3.07)	2.00(1.93)	3.50(3.27)	3.17(3.90)	3.11(2.80)
応答的行動[b]					
低次	82.95(20.64)	79.80(15.46)	92.22(12.78)	74.29(27.51)	91.11(14.04)
高次 　（視野内）	83.82(28.10)	73.96(40.20)	87.50(20.92)	85.77(29.32)	87.98(17.19)
高次 　（視野外）	74.14(36.89)	57.14(44.99)	90.00(22.36)	88.89(22.05)	62.50(44.32)

[a] 行動の生起回数。　[b] 正答の割合。

Table 3-3-2 母親のMM得点と18ヵ月時の子どもの共同注意行動との相関

自発的行動		応答的行動：指差しの理解		
低次	高次	近距離	遠距離（視野内）	遠距離（視野外）
.11	.02	.12	.07	.44*

* $p<.05$

Wallisの検定により検討したが，いずれの共同注意行動に関しても，有意差は認められなかった（Table 3-3-1参照）。

(2) 心を表す言葉を使う，理解する

生後2年目は，子どもの側に語彙発達が進む時期である。特に，2歳前の子どもが，いくつかの心を表す語彙を用いた会話を行うことが認められている（松永・斉藤・荻野，1996）。そこで，子どもが示す心の理解能力に関するもう1つの指標として，心を表す語彙の理解および使用について調査を実施することとした。

高いMMを示す母親は，子どもに対して心的語彙を豊富に付与するため，そうした言語環境の下で，子ども自身の心的語彙も発達が促進されやすいと予測する。母親のMMの高さは，子どもの心的語彙の理解ならびに子ども自身による使用を高めるだろうと予想する。なお，母親のMMの質的特徴については，子どもが理解したり使用したりする心的語彙の内容の偏り（例えば，感情・欲求帰属群の母親の子どもは感情語の発達が進む，など）と関連している可能性について，分析を行いたい。

(a) 調査の手続き

生後18ヵ月時に筆者が各家庭を訪問し，母親への質問紙調査を行った。子どもに現在認められる，心的語彙の理解と表出（使用）について，母親に質問紙への回答を依頼した。語彙項目は，乳幼児の内的状態語の発達についての日本語の研究（松永・斉藤・荻野，1996）を主に参考とし，1歳から2歳にかけて発達することが見出されている語彙を調査項目とした。感情を表す16項目，欲求を表す7項目，思考・認知状態を表す10項目，生理的知覚状態を表す7項目を抜粋して使用した。調査項目となった語彙をTable 3-3-3に示す。各語彙についての理解（「お母さんがその言葉をお子さんに言ったとき，お子さんは意味

第3節　母親の MM と乳児期の心の理解の発達　95

Table 3-3-3　内的状態を示す語彙能力（理解・使用）の調査項目となった語彙

感情状態
　肯定的感情：好き（大好き），いいなぁ，嬉しい，楽しい，おもしろい
　否定的感情：いや，きらい，悲しい，さびしい，おこる，こわい
　その他：驚く（びっくりする），はずかしい，かわいそう，大丈夫，どうしたの？

欲求状態
　—して，—しないで，—したい，—したくない，欲しい，ちょうだい，
　いらない

思考認知状態
　思う，考える，—かな，わかる，わからない，
　知っている，忘れる，—みたい，—かもしれない，—じゃない？

生理的知覚状態
　おいしい，眠い，疲れた，痛い，あったかい，寒い，うるさい

を分かっている様子ですか？」），および子ども自身による表出の有無（「普段のおしゃべりの中で，お子さんが自分でその言葉を使うことがありますか？」）を質問した。各語彙について理解と表出の様子を0点か1点を付して得点化した。

(b)　母親の MM と心を表す語彙能力の関連

　子どもの内的状態を表す語彙の理解，および表出の平均得点と標準偏差を Table 3-3-4 に示す。語彙理解の合計得点を見ると，全40項目中の平均24項目が理解できると評されていた。一方，子どもによる自発的表出があるとされた語彙は合計で6項目であり，平均得点が0.5点以上であった語彙は感情状態の「いや」（0.71点），欲求状態の「ちょうだい」（0.56点），生理的知覚状態の「痛い」（0.54点）「おいしい」（0.57点）であった。また，思考認知状態を表す語彙は，理解，表出ともに他のカテゴリーよりも低い得点となった。先行知見に照らしても生後18ヵ月は内的状態語の獲得における早期段階と考えられ（松永ら，1996），特に，表出に関してはかなり限定されていることが示された。

　MM 得点と子どもの語彙理解の関連について相関係数を算出した結果，「感情状態」の理解得点（$r=.40, p<.05$），および全ての下位カテゴリーを含む語彙理解の合計点（$r=.43, p<.05$）に有意な相関が示された（Table 3-3-5）。

Table 3-3-4 　生後18ヵ月時における内的状態を表す語彙能力の平均得点（標準偏差）

	全体 ($n=35$)	帰属低群 ($n=8$)	感情・欲求 帰属群 ($n=6$)	思考認知 帰属群 ($n=12$)	全般的 帰属群 ($n=9$)
語彙理解					
感情状態	11.14(3.96)	9.88(3.88)	14.00(3.16)	11.08(3.09)	10.44(9.11)
欲求状態	6.20(1.57)	5.00(2.62)	6.50(1.23)	6.83(0.39)	6.22(1.09)
思考認知状態	2.37(2.41)	1.88(2.33)	5.17(3.71)	1.83(2.50)	1.67(1.80)
生理的知覚状態	4.43(1.79)	4.00(2.39)	4.83(1.72)	5.00(1.41)	3.78(1.64)
全体合計	24.14(8.20)	20.75(10.01)	30.50(8.50)	24.75(6.41)	22.11(6.97)
語彙表出					
感情状態	2.37(2.71)	2.00(1.60)	3.17(3.54)	2.67(2.46)	1.78(2.49)
欲求状態	1.91(2.02)	1.63(1.60)	2.00(2.10)	2.33(2.39)	1.56(2.00)
思考認知状態	0.37(0.81)	0.25(0.46)	0.33(1.63)	0.67(1.71)	0.11(0.33)
生理的知覚状態	1.71(1.69)	1.63(1.41)	1.50(1.76)	2.33(2.10)	1.11(1.27)
全体合計	6.37(6.27)	5.50(3.78)	7.00(7.90)	8.00(7.52)	4.56(5.39)

　MM得点と語彙使用との関連については，「感情状態」と「思考認知状態」にそれぞれ有意な相関傾向が認められた（順に，$r=.32$, $p<.10$, $r=.32$, $p<.10$）[8]。次に，MM質的グループ別の語彙能力については，分散分析の結果，語彙の理解，表出ともに群間差は認められなかった（Table 3-3-4 参照）[9]。

3．考　察

　本節では，MMによる乳児期後期の子どもの心的理解発達への影響について検討した。子どもの共同注意能力と心的語彙の発達について，得られた結果を考察する。

(1)　視野内と視野外への指差し理解の発達

　母親のMMは子どもの心の理論獲得を促進するという先行研究を踏まえ，本節では，心の理論の先駆体と目される，共同注意行動の発達にも，母親のMMが促進的機能を持つだろうと予測した。しかし，生後9ヵ月時の実験結果

---

[8] 「欲求状態」「思考認知状態」の理解得点，及び全下位カテゴリーに亘る表出の合計得点についてはは得点分布に偏りがあったためSpearmanの順位相関係数を，これ以外の項目についてはPearsonの相関係数を求めた。
[9] 得点分布に偏りのある「欲求状態」「思考認知状態」の理解得点，表出の合計得点についてはKrascal Wallis法による差の検定を行い，これ以外の項目は一要因分散分析を行った。

Table 3-3-5 母親のMM得点と18ヵ月時の子どもの内的状態を表す語彙能力との相関

		語彙理解得点		
感情状態	欲求状態	思考認知状態	生理的知覚状態	全体合計
.40*	.26	.25	.20	.43*

		語彙使用得点		
感情状態	欲求状態	思考認知状態	生理的知覚状態	全体合計
.32†	.22	.32†	.04	.08

* $p<.05$ † $p<.10$

から，乳児が示した，視野内（左右方向）における他者の指差し理解能力と，母親のMM得点の関連は見出されず，仮説は支持されなかった。

ただし，同じく生後9ヵ月時の分析から，MM質的グループによって子どもの指差し理解に差があることが明らかとなった。感情・欲求帰属群の母親の子どもは，他の3群に比して指差し理解が低い，という特異なパターンが見出された。

続く生後18ヵ月時点においては，共同注意能力について複数の行動次元を含めた実験を実施した。近距離，及び視野内（左右方向）への指差し理解，また，子どもから実験者と注意を共有しようとする自発的行動について，母親のMM得点との関連は認められなかった。特に，近距離や視野内の指差し理解率は全体的に高く，生後9ヵ月時の結果と比較しても上昇しており，生後18ヵ月時には，多くの子どもがこれらの行動をすでに獲得していると考えられた。

一方，正反応率が相対的に低かったのは，視野外（後方）への指差し理解であった。そして，この視野外にある対象物に向けられた指差しへの理解が，母親のMM得点と相関関係にあることが認められた。先述のように，視野内の共同注意は9ヵ月頃から，視野外を含めたより高度な共同注意は生後18ヵ月頃から成立し始めるという（Butterworth & Jarrett, 1991）。実験を実施した18ヵ月というまさにこの時期に発達し始める，より高度な共同注意能力に母親のMMの高さが関連することが認められた。なお，18ヵ月時の子どもの共同注意行動について，母親のMM質的グループとの関連は一切認められず，生後9ヵ月時に認められた群間差は消失していた。そして，有意ではないものの生後18ヵ月時点では，視野外の指差しについて帰属低群の正反応率が4群中最も低いものとなっていた（Table 3-3-1参照）。母親の高いMM得点が子どもの

共同注意能力を高めるだろうという予測について，9ヵ月時点での実験は仮説を支持しなかったが，18ヵ月の帰属低群に関する分析から一部支持する結果が得られた。

以上の結果について，まず，生後9ヵ月時点では，MM質的グループに関する群間差が注目される。感情・欲求帰属群の子どものみ，指差し理解率が10％にも満たず，他群は50〜60％の理解率を示した。感情・欲求帰属群の母親の子どもは，予想に反して，そもそも乳児刺激に心的帰属を行うことが少ない帰属低群の子どもよりも指差し理解が低いということが示された。感情・欲求帰属群の母親は，MM得点としては中程度以上の得点を持つことから，母親のMM得点と子どもの指差し理解は単純な相関関係にあるのではなく，感情や欲求の帰属のしやすさ，それに基づく乳児への接し方という内容面の特徴が影響していると考えられた。

では何故，感情・欲求帰属群の子どものみが指差し理解に難しさを示したのだろうか。共同注意の発達は，注意を共有する相手との相互作用の経験の中に位置付けて考えられることが多く，子どもとともに環境への関心を共有しようとする養育者の存在が重視されている（Adamson & McArthur, 1995；Harrist & Waugh, 2002；遠藤・小沢，2000）。そこで，以下，母子相互作用の特徴に着目した考察を試みたい。しかしながら，本章第2節の分析からMMと生後9ヵ月時点での母親行動の関連は見出されず，9ヵ月時の養育環境に関するデータから考察するのは難しいと考えられた。ただし，より早期に母親が示した関わり方の特徴による，子どもへの影響も否定できないのではないだろうか。そこで，乳児自身は未だ「自分と母親」「自分ともの」という2項関係の中にあると考えられる発達早期に，母親が第3項を巻きこんで働きかける行動の相違が，その後，モノを介した3項関係（やまだ，1987）が実際に見られ始める9ヵ月時点での共同注意能力を予測的に説明する可能性について考えてみたい。

第2章第4節において生後6ヵ月時に観察された母親行動に注目すると，感情・欲求帰属群の母親は，他群に比して，乳児に対する注意追従型関わりが多くて注意転換型が少ないという特徴が見られた。共同注意の発達について，Corkum & Moore（1995）は他者から注意を操作される機会の経験を重視し，ある種の条件付け，つまり他者の視線の先に動く玩具など面白そうな対象があ

ることを知る経験の蓄積によって、乳児は他者の注意を共有しようとする共同注意行動を学習すると述べている。日頃の相互作用においても、母親がやりとりの中に第3項となる事物を持ち込み、名前を呼んだり音を出したりしながら巧みに乳児の関心を惹きつけようとする行動によって、乳児側に相手の注意の在り処を察知することが促進されている可能性が考えられる。しかし、MM質的グループの中で感情・欲求帰属群の母親はこうした乳児の注意操作を行うことが最も少なく、逆に、母親が子どもの注意を追従する行動が多かった。注意追従によっても共通の対象を挟んだ共同注意状態は成立するが、すでに乳児自身が注意を向けている対象に後から母親が視線を重ねた時、乳児は必ずしも自己とは独立した存在である母親の注意への知覚を伴っていないのかもしれない。この群の乳児にとって、他者から注意を操作される経験の少なさが、指差し理解への難しさの背景になっていたのではないだろうか。

ただし、生後9ヵ月時に認められた感情・欲求帰属群の指差し理解の低さは、生後18ヵ月時点における視野内、視野外の指差し双方において認められず、この群の子どもたちの正答率は他群と同程度に高まっていた。そして、有意ではないものの生後18ヵ月時点では、帰属低群の正反応率が視野内・視野外の指差しともに4群中最も低いものとなっていた（Table 3-3-1参照）。さらに、母親のMM得点と視野外への指差し理解に相関が認められた。

乳児期後半において、高いMMを持つ母親の子どもが指差し理解に優れていた理由に関して、生後6ヵ月時の母子相互作用場面の観察から（第2章第4節）、MMの高さは発達早期から母子間の2項やりとりではなく、対象物を挟んだ3項やりとりの多さと関連するという結果が得られている。高いMMを持つ母親と子どもの間では、ある対象に注意を共有するという場面がより発達早期から経験されてきたのではないかと考えられる。ただし、9ヵ月時点での子どもの指差し理解能力には、3項やりとり経験の豊富さ自体よりも、母親による注意の共有スタイルの違いがより影響を持ち、母親のMM得点と子どもの成績には関連が見られなかったのではないだろうか。しかしその後、子どもが成長する中で、結果的には高いMMを持つ母親の子どもにおいて、他者の注意の理解が進み、18ヵ月時点では共同注意行動の成績の高さが表れたのではないかと考えられた。特に、3項やりとりの中で母親が行う対象物の名付けや内

的状態の言語化は，自他の視線や指差しとそれが注がれる対象物との対応付けの理解を促していると考えられる。Butterworth & Jarrett（1991）は眼や指差しとその先の対象物との間にある，見えない「線」の理解に基づく共同注意を「幾何学的共同注意」と呼んでいる。高い MM を持つ母親の子どもにおいて，生後早期における 3 項やりとりの豊富な経験によって，こうした対応付けの発達が進んできた可能性があるだろう。

　しかし，生後 9 ヵ月時点では，母親の MM と母子間における 3 項やりとりの量には関連は見られなかったこともあり，生後 9 ヵ月時から18ヵ月時において，母親の MM 得点の高さがどのような形で具体的に子どもの発達に寄与しえたのか，十分な考察を行うことは難しい。また，生後18ヵ月頃が萌芽期とされる視野外へ向けられた他者の注意の理解は，「空間表象的共同注意」と呼ばれている（Butterworth & Jarrett, 1991）。この理解には，他者の視線と対象物の対応付けに加え，乳児には直接見えていない背後に広がる表象空間に，他者の注意の対象を見出す能力が必要となる。そこで，こうした空間理解の発達に対する MM の影響の有無を検討するなど，今後，どのような過程を経て，母親の MM が子どもの共同注意能力を高めているのかを問うことが課題である。

　なお，生後18ヵ月時点において，子どもによる自発的な共同注意行動（指差し産出など）には MM との関連が示されなかった。これについて，子どもの指差しは注意共有のため以外にも，要求表現として用いられることがあり，両者を区別して検討することが重要だと思われる（Mundy et al., 1996; 2003）。特に，今回行った子どもの近くで玩具を呈示する実験は子どもの要求を喚起しやすいとも考えられ，子どもから距離のある場所で生起するイベントに向けた指差しの産出を見るなど，実験上の工夫も必要であると思われる。また，子どもの指差し行動の発達について，例えばそれに対する母親の反応の差異などが，指差し使用の個人差に関係してくる可能性も考えられよう。しかし，MM の量及び質的な差異とそうした母親行動の関係は未だ検討されていない。今後，子どもの指差しに対する母親の反応形態などに注目した分析を行うことも必要であろう。

(2) 心を表す言葉の発達

　次に，子どもの内的状態を表す言語能力に関して得られた結果を考察する。MM 得点との関連を検討した結果，感情状態語の理解および全カテゴリーに亘る理解の合計点と相関が認められた。また，感情状態語と思考認知語の表出には MM 得点との相関が示され，MM の高さと子どもの言語能力について，仮説を支持する結果を得た。第 2 章及び本章第 2 節より，子どもが生後 6・9・18 ヵ月時の 3 時点において，母親の MM の高さは母子相互作用場面における子どもの内的状態への言及頻度と関連することが示された。対象月齢が本研究よりは高めになるが，家庭での心的語彙への接触経験の豊富さと，子どもの内的状態語の能力の高さの関連も報告されている（Dunn, Bretherton, & Munn, 1987; Symons, 2004）。これらより，MM の高い母親は発達早期から子どもへの心的語彙の使用が多く，そうした相互作用をより豊富に経験している子どもの方が，内的状態語の獲得が始まって間もない時期でも，理解や表出に優れているのではないかと考えられた。

　また，MM 質的グループに関しては語彙理解や表出との関連が見られなかった。これについて，質的グループと生後 6・9・18 ヵ月時の子どもの内的状態への言及の様子を検討した結果では，感情・欲求帰属群が 6 ヵ月児の欲求状態に多く言及していた以外に群間差は見られなかった。この時期の幼い乳児に対して母親は全般的に感情について言及することが多く，質的グループ，すなわち乳児から読み取りやすい内的状態の内容の偏りと，実際の我が子に対する言葉かけの内容の偏りには関係が示されなかった。各質的グループの子どもたちが日頃耳にしている内的状態語には，少なくとも発達早期において内容に大きな差異は見られず，そのことが，18 ヵ月児の内容別の語彙能力に群間差が見られなかった背景にあるのではないだろうか。

　なお，今回の調査から 18 ヵ月児の自発的な語彙表出は未だ少ないことが示されたが，表出得点が最も高かった語彙は「いや」というものであった。本書ではこの語彙を感情状態として扱ったが，母親の談話によると，子どもは「いや」という言葉を感情に加え欲求の表現としても使用するということであった。日常，子どもは同一の言葉を用いながら状況により異なる内的状態を表現していることが少なくないと思われるが，今回はそうした詳細を十分にとらえること

ができなかった。MMの質的特徴と子どもの言語能力の関連を検討する際には，語彙自体のみならず，子どもが表現している内的状態の内容に着目することも有用であると思われる。

第4節 乳児期の調査のまとめ

1．母親のMMと乳児期の養育行動

追跡調査による母子相互作用場面の観察結果から，母親のMMの高さは，子どもが6ヵ月時から18ヵ月時まで一貫して，子どもの内的状態に対する言及頻度の多さと相関することが明らかとなった。一時点，特に，MMの測定と同時期における相関だけでなく，生後1～2年目に亘って，こうした母親の発話との関連が見出されたことが注目された。

なお，MMと母親による子どもとの注意の共有スタイルの関連は，生後6ヵ月時には認められたものの，生後9ヵ月時には消失していた。Meins (1997) はMMが具体的な子どもへの接し方に与える影響を複数仮定しているが，そこには子どもの発達という時間軸が考慮されていなかった。しかし，子ども側の身体運動の拡大やコミュニケーション能力などの発達に伴い，母子相互作用の有り様は時期によって変化していく。縦断的調査の実施により，母親のMMが長期的に影響する母親の養育行動と一時的に影響する行動が見出された。子どもの成長という時間軸上において，母親の認知的特徴としてのMMと，母親が示す実際の行動的特徴の関連をより具体的に議論することが可能になったと考えられる。

2．母親のMMと乳児期の心の理解能力の発達

乳児期に測定された母親のMM得点の高さは，9ヵ月時ではなく18ヵ月時における心の理解能力，特に共同注意行動に関連することを示す結果を得た。共同注意の発達に関する9ヵ月時と18ヵ月時の結果の違いを考慮すると，発達段階によってMM，およびMMに関連する相互作用の特質からの影響が異なる可能性が考えられた。MMは，心の理解の発達を全ての時期で引き上げるものではないことが示唆された。MMがどのタイミングで子どもの心の理解発

達を促進するのか，幼児期にかけて引き続き縦断的に問うことが必要であると思われる。

　次章では，引き続き MM を測定した母親とその子どもを対象とした追跡調査を続行し，幼児期における知見を得ていくこととする。

第 4 章

**縦断研究（後半）：
母親の「乳児の心に目を向ける傾向」
と幼児期の発達**

第1節　MMによる幼児期への影響

　前章では，乳児期初期に測定された母親のMMと，乳児期後期における母親の養育行動，ならびに子どもの発達との関連を検討した。この章では，その後の追跡調査として，幼児期に関する検討を行っていく。

1．MMの長期的な意味とは
(1)　幼児期の養育行動への影響
　幼児期の子どもは，他者の信念や感情についての理解を深めていく。こうした子どもの発達には，家庭における心的語彙への接触経験の豊富さが，促進的影響を持つことが報告されている（Dunn, Brown, & Beardsall, 1991; Ruffman, Slade, & Crowe, 2002）。家庭内で行われる養育者による心に関する会話が，子どもの心的理解発達の足場として作用する可能性が示唆される。しかし，養育者間に見られる心的語彙の使用自体の個人差が，どのような要因によって生起しているのかは十分に問われていない。

　本書第2章および第3章より，子どもが生後6ヵ月時に測定された母親のMM得点の高さは，生後6・9・18ヵ月時の親子やりとり場面での，母親が子どもの内的状態に言及する頻度と相関していた。このことから，乳児に対するMMが子どもとの日常会話における母親の個人差を方向付けていると考えられる。本章ではさらに幼児期においても，高いMMを持つ母親は引き続き，子どもへの心的語彙の使用が多いという特徴を持つだろうと予測する。本章では第1の目的として，MMを測定した母子の追跡調査を継続し，子どもが24ヵ月時と36ヵ月時に家庭での母子自由遊びを観察することで，母親の発話について分析を行う。

　なお，母親のMM質的グループに関して，前章から乳児期後期には母親の発話との関連は認められなかった。幼児期では子どもに対する発話とどのような関連が認められるのか，探索的分析を行う。

(2) 幼児期の心の理解能力への影響

　MM に関する先行研究では心の理解の発達として，心の理論，特に誤信念理解のみが検討されてきた (Meins et al., 2002)。しかし，MM が子どもの心的世界に対する理解を促進するとすれば，その理解はより広い範囲に亘る可能性があるのではないだろうか。特に，これまでは欲求や信念という心の理解の認知的側面が重視されてきたが，感情の理解もまた，幼児期に進むことが知られている。第1章第3節で概観したように，例えば，子どもの日常生活の観察から2歳児が感情状態を示す語彙を使用し始める (Bartsch & Wellman, 1995)。実験からは36ヵ月頃に表情の理解や命名が可能となり，その後，文脈に基づいた感情推測も発達する (Pons, Harris, & de Rosnay, 2004；笹屋，1997)。なお，信念理解と感情理解の発達は，特に幼児期初期には個人内で関連しないという示唆がある (Dunn, 1995；森野, 2005)。そこで母親の MM が，子どもの心の理解発達に含まれる認知と感情の両側面にどう影響するのかを，本章では検討していきたい。

　さらに，心の理解の発達が4・5歳という時期よりも早い段階から漸次的に進行していることを重視したい。例えば Wellman & Liu (2004) は，心の理論の発達を段階的にとらえ，48ヵ月頃の誤信念理解に先立ち，36ヵ月頃に自他の異なる欲求の理解が見られることを示している。また，先述のように感情についても，2歳頃から様々な発達が見られる。養育者の MM は，これまで問われていない48ヵ月以前の心の理解の発達にも促進的な影響を持っているのではないだろうか。本章では，2歳から4歳頃にかけて発達が進むと考えられる，心的語彙の理解，他者の感情の理解，そして欲求や信念の理解について，母親の MM との関連性を検証することを第2の目的としたい。

　検証にあたり，母親の高い MM は，子どもの心の理論獲得のみならず，より早い時期に認められる他者の心の理解能力にも促進的関連を持つだろうと予測する。また，その促進的影響は，誤信念の理解という認知的側面に加え，感情理解にも及ぶという仮説を設け，これらについて検討する。

2．縦断研究のデザイン

　以上の目的について，本章では第2章で実施された MM 測定実験の対象者

Table 4-1-1　第4章における追跡調査の対象母子の数と属性

調査時期	対象数	子どもの属性		母親のMM	
24ヵ月時 (調査4回目)	母子33組	平均月齢	：24ヵ月24日 ：23ヵ月10日- 　26ヵ月10日	MM得点 　平均8.85（SD：3.71） MM質的グループ：	
		レンジ			
		性別	：男児16名 　女児17名	帰属低群	7名
				感情・欲求帰属群	7名
		出生順位	：第1子20名 　第2子以降13名	思考認知帰属群	11名
				全般的帰属群	8名
36ヵ月時 (調査5回目)	母子29組	平均月齢	：35ヵ月18日 ：34ヵ月12日- 　38ヵ月15日	MM得点 　平均 8.87（SD：3.82） MM質的グループ：	
		レンジ			
		性別	：男児13名 　女児16名	帰属低群	7名
				感情・欲求帰属群	6名
		出生順位	：第1子18名 　第2子以降11名	思考認知帰属群	9名
				全般的帰属群	7名
48ヵ月時 (調査6回目)	母子31組	平均月齢	：50ヵ月9日 ：47ヵ月1日- 　57ヵ月10日	MM得点 　平均 9.00（SD：3.71） MM質的グループ：	
		レンジ			
		性別	：男児14名 　女児17名	帰属低群	6名
				感情・欲求帰属群	6名
		出生順位	：第1子18名 　第2子以降13名	思考認知帰属群	12名
				全般的帰属群	7名

である母親とその子どもについて，追跡調査を実施した。調査時期は子どもの生後24ヵ月時と36ヵ月時，48ヵ月時であり，それぞれの時期に研究への参加依頼を行った。

各月齢時における，追跡調査の対象となった母子の数を Table 4-1-1 に示す。追跡調査を進める中で，母親の出産や就労の開始（復帰）等により，調査対象の数には変動があった。参考のために，各時期の調査対象となった母親たちの MM 得点の平均，および，MM 質的グループの内訳人数を Table 4-1-1 に併せて示した。

第2節　母親の MM と幼児への養育行動

生後6ヵ月時に測定された母親の MM（得点・質的グループ）と，24ヵ月および36ヵ月時の母親の養育行動との関連について，分析の結果を見ていこう。

1. 子どもの心についての発話

　子どもが24ヵ月，および，36ヵ月になった時点で筆者が家庭を訪問し，母子の自由遊び場面を観察した。玩具を自由に使って，普段どおりに遊ぶように依頼した。10分間の観察録画記録を分析対象とした。

　母親の全発話を書き起こし，母親が自発的に子どもの内的状態に言及している発話を抽出，カウントした。なお，幼児期の観察では，子どもの言語能力が発達している様子が認められ，子ども自身の発話の中にも，心的語彙の使用が複数認められた。特に，子どもが自発的に子ども自身の内的状態（例：「これで遊びたい」）について発話し，その後，母親が子どもの発話をほぼそのまま繰り返す（例：「これで遊びたいの」）という場面が複数観察された。こうした母親による子どもの発話の繰り返しは，母親の自発的な心的語彙の使用とはみなさず，カウントの対象から除外した。

　分析対象として抽出された発話の内容について，本書第2章および3章における下位カテゴリー（Table 2-3-1）の基準により，「感情状態」「欲求状態」「思考認知状態」「生理的知覚状態」の4つに分類した[10]。

2. 24ヵ月時の観察

　24ヵ月時の観察場面の一部をFigure 4-2-1に示す。これは生後6，9ヵ月時の結果で示した写真と同一の母子の姿である。子どもの姿勢や指差しの産出などに成長の様子を窺うことができるだろう。

　母親の発話の分析から，子どもの内的状態について発話した回数の平均は，10分間中に7.28回（$SD:4.73$）であった。レンジは1-20回とばらつきがあり，乳児期の観察結果と同様に，母親によって子どもの心の状態に言及する行動の個人差は大きいと考えられた。下位カテゴリー別の発話数の平均（標準偏差）について，感情状態は1.59回（$SD:2.11$），欲求状態は3.34回（$SD:3.23$），思考認知状態は1.47回（$SD:2.38$），生理的知覚状態は.53回（$SD:1.16$）であった。平均回数としては，欲求についての発話が多いことが窺える。

　母親の発話について，生後6ヵ月時に測定された母親のMM得点との関連

---

[10] 各時期の観察において，子どもの調子により途中で撮影が中断となったケースが各1組あったため，分析対象は24ヵ月時が32名，36ヵ月時は28名の母親となった。

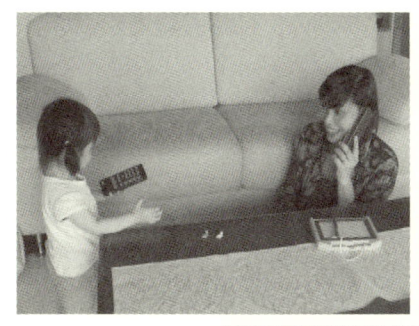

Figure 4-2-1　24ヵ月時の母子自由遊び場面の様子

Table 4-2-1　MM 得点と生後24ヵ月時の母親の発話との相関

	子どもの内的状態への言及頻度			
合計	感情状態[a]	欲求状態	思考認知状態	生理的知覚状態[a]
.37*	.24	.10	.11	-.04

[a] Spearman の順位相関係数。　* $p<.05$

を検討した。子どもの内的状態への言及合計数に，MM 得点との有意な相関が認められた（$r=.37$, $p<.05$）。一方，下位カテゴリー別の母親の発話については[11] MM 得点との相関は認められなかった（Table 4-2-1）。

次に，MM 質的グループによって内的状態への言及数に差があるのかを検討した。しかし，質的グループ間における差は認められなかった（$F(3, 28)=1.24$, ns）。下位カテゴリー別の母親の発話についても，質的グループ間に有意な差は認められなかった（感情状態 $\chi^2(3)=3.93$, 欲求状態 $\chi^2(3)=1.46$, 思考

---

[11] 分布に偏りがあったために Spearman の順位相関を求めた。群間差の検定では Kruskal Wallis 検定を行った。

Figure 4-2-2　36ヵ月時の母子自由遊び場面の様子

Table 4-2-2　MM得点と生後36ヵ月時の母親の発話との相関

	子どもの内的状態への言及頻度			
合計	感情状態[a]	欲求状態	思考認知状態[a]	生理的知覚状態[a]
.39*	-.04	.34†	.17	-.23

[a] Spearman の順位相関係数。
* $p<.05$　† $p<.10$

認知状態 $\chi^2(3) = .57$，生理状態 $\chi^2(3) = 4.75$，全て ns)。

3．36ヵ月時の観察

続いて，さらに1年後，36ヵ月時の観察結果について示す。参考に，これまで写真を示してきた同一の母子について観察された場面の一部を Figure 4-2-2 に示す。

10分間の母子遊び場面において，母親が子どもの内的状態について発話した回数の平均は4.82回（SD : 3.56）であった。また，レンジは0-15回であった。母親による子どもの内的状態への発話の回数は，24ヵ月時よりもやや少なく，また，乳児期に観察された回数よりも少なくなっている様子が見られた。子ども自身による発話の発達が影響しているのではないかと考えられる。下位カテゴリー別の発話数の平均（標準偏差）について，感情状態は1.56回（SD : 1.81），欲求状態は1.43回（SD : 1.35），思考認知状態は1.64回（SD : 1.95），生理的知覚状態は.25回（SD : .80）であった。24ヵ月時に見られた，欲求への言及の多さという偏りは見られなくなっていた。

母親による子どもの心についての発話回数について，母親の MM 得点との

関連を検討した[12]。子どもの内的状態への言及合計数に有意な関連が認められ（$r=.39$, $p<.05$），乳児期に高いMM得点を持つ母親は，子どもが36ヵ月になった時点でも，子どもの心について多く発話することが示された。下位カテゴリー別の言及頻度については，欲求状態への言及についてMM得点との相関傾向（$r=.34$, $p<.10$）が認められた（Table 4-2-2）。

次に，MM質的グループの間には，母親の発話に有意な差は認められなかった（$F(3,24)=2.35$, ns）。また，下位カテゴリー別の母親の発話についても，1要因分散分析（ならびにKruskal Wallis検定）より，質的グループ間での有意差は認められなかった（感情状態 $\chi^2(3)=3.63$，欲求状態 $F(3,24)=1.06$，思考認知状態 $\chi^2(3)=4.96$，生理状態 $\chi^2(3)=2.10$，全て ns）。

4．考　察

　幼児期の母子やりとり場面の観察結果から，乳児期（生後6・9・18ヵ月時，第2章および第3章参照）に比して，母親による子どもの内的状態への言及数が減少していることが窺えた。この背景として，24ヵ月時の観察場面から，子どもが自分の感情や欲求について言語的表現を行う様子が認められるようになってきたことが注目される。そこで，子ども自身による心的語彙の使用回数のカウントを行った。子ども自身の状態と，自分以外の他者（母親など）の心の状態についての言及を区別せずにカウントした結果，24ヵ月時では10分間中に平均3.32回（$SD:3.88$）の使用が見られた。さらに子どもが36ヵ月になった時点においても，子ども自身による内的状態語の使用回数を分析した。その結果，10分間中に6.68回（$SD:4.37$）の発話が認められた。36ヵ月時点では，母親が子どもの内的状態に言及する回数（4.82回）よりも，子どもの方が心的語彙を用いて自分や母親の状態について発話することが多くなっていた。こうした子ども側の言語的発達により，乳児期のように母親が子どもの内的状態を明確化あるいは代弁するという行為が減少してきているのではないかと推測された。

　母親による子どもの心的過程の言語化は，乳児期から幼児期に進むにつれ全

---
[12] 分布に偏りがあった変数はSpearmanの順位相関を求め，それ以外の変数はPearsonの相関係数を求めた。

体的に減少している様子が見られたが，母親の心的語彙を用いた発話頻度は，24ヵ月時，36ヵ月時ともに，乳児期に測定された MM 得点と相関関係にあることが示された。これより，生後 1 年目において高い MM を持つ母親は，子どもの乳児期から幼児期に亘って，子どもの内的世界についてより多くの言語化を行っていることが見出された。相関係数は中程度の大きさではあるが，高い MM を持つ母親の子どもは，多くの心的語彙への接触という，心の理解発達に促進的な養育環境の特徴を乳児期から引き続き経験していることが示唆された。

なお，母親の発話について，内的状態の下位カテゴリーへの分類結果に注目すると，乳児期には生起回数が非常に少なかった子どもの思考認知状態への言及数が幼児期には増加し，一方，感情状態への言及数が少なくなるという変化が見られた。実際に観察された会話においても，活動や玩具などに対する単純な好み（「これ好きね」など）に関する母親の発話は幼児期には少なかった。一方，特に 36ヵ月時点では，子どもが発する言語や行為に対して，「いっぱい知ってるね」「こうしたらいいってわかったね」など，子どもの認知状態にふれる発話が頻繁に認められるようになった。母親の発話の内容には，子どもが自ら活動を選び，母親の手を借りずとも自分で玩具を操作し，試行錯誤を繰り返すといった子ども側の成長が影響していると考えられた。母親が示す子どもの心への言及について，子どもの発達に伴う内容の変化を詳細に追うことも今後の興味深い課題となるだろう。

ただし，今回の分析では，母親による子どもの内的状態に関する発話の内容と，MM 実験から見出された MM 質的グループとの関連は認められなかった。母子相互作用中の母親の発話には，母親自身が持つ，子どものどのような心的プロセスに目を向けやすいかという特徴のみならず，子どもの感情や思考の発達，さらに，発達に伴いより明確化してくる子ども側の活動も大きく影響していると考えられる。そのために，特に幼児期には MM の質的グループという特徴が母親の発話と直接的な関連を持たなかったのではないかと考えられた。

第 3 節　母親の MM と幼児期の心の理解の発達

続いて本節では，乳児期に測定した母親の MM（得点・質的特徴）が，心の

理論課題以外の，他者の心の理解に関する能力の発達にも促進的影響を持つのかを検討する。先行知見に基づき（第1章参照）発達段階に合わせて，子どもを対象に心の理解に関する課題を複数回行った結果を以下に示す。具体的には，生後24ヵ月時に心的語彙の理解と使用状況の調査，ならびに他者の欲求理解についての実験を実施した。36ヵ月時点で再び欲求理解の課題と感情理解課題を行った。さらに，48ヵ月時点では，誤信念課題と，より複雑な感情理解課題を実施した。各時期における子どもの成績と母親のMMとの関連について，分析の結果を見ていこう。

1．24ヵ月時の発達

(1) 他者の欲求を理解する

　幼児期の子どもは，他者が自分とは異なる食べ物を好んだり，自分が嫌いなおもちゃを好きであったりする，というような事態を理解できるのだろうか。さらに，他者は（子ども自身ではなく）その人が好きなものを欲しいと思っていることを理解しているのだろうか。Repacholi & Gopnick（1997）らの有名な実験によると，早くは生後18ヵ月頃にこうした理解が見られ始めるという。「18ヵ月児はお菓子が好き，実験者は（お菓子ではなく）ブロッコリーが好き」という場面において，実験者が「食べ物をちょうだい」と子どもにお願いする。すると，14ヵ月児は，自分の好きなクラッカーを手渡してしまうのだが，18ヵ月児は，実験者にブロッコリーを手渡すことができるという。ただし，その後のWellman & Liu（2004）の研究では，他者の好みとそれに基づく欲求の理解は3歳頃になって安定すると考えられている。そこで，2歳児を対象にこの実験を行い，母親のMMが他者の好みや欲求という心の理解能力に影響しているのかを検討した。

(a) 実験の手続き

　筆者が各家庭を訪問し，Repacholi & Gopnick（1997），Wellman & Liu（2004）を参考に，子どもを対象として次のような実験を行った。実験は個別に行い，課題場面は全てビデオ録画した。原寸大の食品レプリカ4種（ピーマン，ブロッコリー，いちご，ビスケット）と皿（8cm×22cm）を用意した[13]。皿にビスケッ

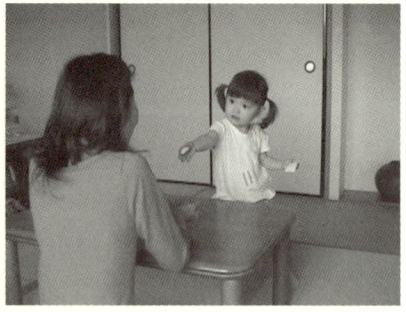

Figure 4-3-1　24ヵ月時における「他者の好みに基づく欲求理解」の実験場面

トとピーマンをのせて，子どもにどちらが好きかを質問し，ビスケットへの好みを確認した。次に実験者がピーマンを食べるふりをし「おいしい！」と笑顔で話した。次に，実験者がビスケットを食べるふりをして「うわぁ，おいしくない！」と顔をしかめて話した。その後「食べ物をひとつちょうだい」と子どもに求めた。食べ物を手渡す，手に取って示すなど，子どもがどちらの食べ物を実験者に渡そうとするかを観察した。子どもの反応を得た後，次の試行に移った。今度はブロッコリーといちごを皿にのせて示し，同様の手順で子どもがいちごを好むことを確認した後，実験者がブロッコリーを好むことを表現した。2つの試行ともに，子ども自身ではなく，実験者が好む食べ物を選択して実験者に示したり渡したりした場合，この課題を正しく理解しているとみなした。

実験場面の一部を Figure 4-3-1 に示す。

(b)　母親の MM と欲求理解の発達の関連

対象児1名が実験開始前に体調不良となったため，本実験の対象は子ども32名であった。2回の質問に正しく答えたのは，32名中13名であり，この課題の通過率（2問ともに正答した率）は40.6%であった。50%を下回っており，この課題が24ヵ月児にとって難しいものであったことが窺える。

---

[13] 実施前に母親に質問を行い，子どもがイチゴとビスケットを好み，ピーマンとブロッコリーは好まないことを確認した。子どもがイチゴやビスケットを好まない場合には，バナナ，ウインナーのレプリカを適宜代用して実験材料とした。

実験課題への通過と非通過の結果について，母親の MM 得点との関連を検討した。点双列相関係数を求めると，子どもの成績と母親の MM 得点に有意な関連は認められなかった（$r_{pb} = .02, ns$）。母親の MM は誤信念理解よりも早期に見られる，他者の欲求理解の高さと関連するだろうという仮説は支持されなかった。

次に，母親の MM 質的グループとの子どもの成績について何らかの関連が認められるのか検討した。しかし，独立性の検定の結果から有意な関連があることは示されなかった（$\chi^2(2) = .27, ns$）。

(2) 心を表す言葉を使う，理解する

24ヵ月児が示す心の理解の能力として，感情や欲求など心の状態を表す言葉（心的語彙）の理解や使用の状況を調べた。第3章第3節においても，生後18ヵ月時点での心的語彙の発達状態について調査を実施したが，18ヵ月時点では子どもの語彙発達が始まったばかりであることが窺えた。そこで本節では，言語発達が進むと考えられる24ヵ月時点において，再びこの調査を実施した。子どもの「心を表す言葉」の発達と，母親の MM との関連を以下，調べていく。

(a) 調査の手続き

調査の対象とする，心を表す語彙は生後18ヵ月時と同じものを使用した。松永・斉藤・荻野（1996）を参考に，感情を表す16項目，欲求を表す7項目，思考・認知状態を表す10項目，生理的知覚状態を表す7項目の語彙について調べる質問紙を作成した。言葉の理解と子ども自身による使用の2側面について，母親に回答の記入を求めた（調査項目となった語彙の詳細は，Table 3-3-3 を参照）。

回答方法について，生後18ヵ月時の調査の際，複数の母親から理解の有無や語彙使用の有無を2件法で回答することが難しい，との感想が寄せられた。そこで回答方法に改良を加え，3件法による回答を得ることとした。各語彙について，理解度は，「2点：確実に分かっている，1点：確信は持てないが分かっているように思う，0点：分かっていない」の3件法で回答を求めた。子ども自身による語彙使用については「2点：自分からその言葉を話す，1点：手助け

してあげると話す，0点：全く話さない」という回答選択肢を設けた。なお，選択肢中の「手助け」とは，「こういうとき何て言うんだっけ？」など，母親が子どもに聞いて促すと，子どもが心的語彙を使用することがあるという場合であることを説明した。各語彙の理解に関する回答結果を合計して「理解得点」を，使用に関する得点を合計して「使用得点」を算出した。

(b) 母親の MM と心を表す語彙能力の関連

母親の回答結果から，24ヵ月児の心を表す語彙の理解と使用能力は，以前よりも発達していることが読み取れた。そこで，全ての子どもにとって理解度や使用度がほぼ満点となり個人差が認められないような語彙がないかを確認した。各語彙について平均得点と標準偏差を産出し，理解得点と使用得点の双方において，平均得点＋標準偏差が得点最大値（2点）を超える場合に，天井効果が認められると判断した。天井効果の認められる語彙項目を除外したところ，感情状態を表す語彙11項目，欲求を表す語彙11項目，認知状態の11項目，知覚状態の2項目，合計で26項目が以降の分析対象となった[14]。

これらの項目について，理解得点は30.30点（SD：11.35），使用得点は14.18点（SD：7.50）であった。子ども自身による心的語彙の使用よりも，語彙の理解の方が上回っていることが示唆された。

心を表す言葉の発達が，母親の MM 得点と関連しているのかを分析した。しかし，母親の MM 得点と，24ヵ月時における心的語彙の理解・使用得点の双方との間に，有意な関連は認められなかった（理解：$r = .26$，使用：$r = .25$，ともに ns）。また，心的語彙の下位カテゴリー毎に母親の MM 得点との相関についても分析を実施したが，有意な関連は見出されなかった。

次に，MM 質的グループと子どもの心的語彙能力の関連性を検討した。しかし，語彙の理解得点ならびに使用得点に，MM 質的グループによる差異は認められなかった（順に，$F(3, 29) = .37$，$F(3, 29) = .57$，ともに ns）。心的語彙の下位カテゴリー毎の理解，使用にも，MM 質的グループによる差は認められ

---

[14] 天井効果の確認により分析対象から除外された語彙は，以下であった。
「～して」「ちょうだい」「～したい」「欲しい」「いらない」「だいじょうぶ」「好き」「いや」「こわい」「あったかい」「寒い」「いたい」「おいしい」「ねむい」

なかった。

これより，生後24ヵ月時点で子どもが示す，心を表す言葉の発達には，乳児期に測定された母親のMMによる促進的効果が認められないことが示唆された。

2．36ヵ月時の発達

生後36ヵ月時に，筆者が再び各家庭を訪問し，子どもを対象に以下の追跡実験を行った。課題場面は全てビデオ録画された。

(1) 再び，他者の欲求の理解
(a) 再実験と結果

24ヵ月時の実験結果から，「食べ物に対する他者の好みに合わせて，他者が欲しいと思っているものを手渡す」という課題への正答率は約40％であった。24ヵ月児にとって，難しい課題であったと考えられた。そこで，36ヵ月時でも同じ課題を子どもに実施し，欲求理解の発達と母親のMM得点との関連を再び分析することとした。

実験の内容と手続きならびに材料は，Repacholi & Gopnick（1997），Wellman & Liu（2004）を参考に，24ヵ月時と同様に行った。2試行を実施し，両方の試行において実験者が好む食べ物を選択した場合，課題に正答したものとみなした。

実験の結果，他者の欲求理解課題に正答した子どもは12名（全体の41.3％）であった[15][16]。1年前の結果と比較すると，予想に反して3歳時点でも，この課題への正答率にほとんど変化が認められなかった。母親のMM得点と3歳時の成績の関連を検討するため，点双列相関係数を算出した。しかし，有意な

---

[15] 課題得点に分布の偏りが認められたことを考慮し，ノンパラメトリック検定を用いて分析を実施した。変数間の独立性の検定を行う場合には，クロス表内の期待値の小ささを考慮して正確確率検定を行い，正確有意確率を用いた。分析にはSPSS 16.0JおよびSPSS Exact Tests（Release 6.xJ）を使用した。

[16] 子どもの性別と出生順位に関する分析の結果，第2子以降の子どもの方が，第1子よりも課題に通過することが多かった（$\chi^2(1) = 7.18, p < .05$）。サンプルの小ささから，以下では性別や出生順位の分類はせずに全体的な分析を実施した。

相関は認められなかった（$r_{pb}=-.15, ns$）。母親の MM 得点が高いと，子どもが示す他者の好みに基づく欲求理解の成績が高いだろうという仮説は支持されなかった。

(b) 欲求理解ができる子どもの母親とは

ここまで，高い MM を持つ母親の子どもほど，心を理解する発達が進んでいるだろうという仮説に基づく分析を行ってきた。しかし，2歳，3歳の欲求理解の実験結果からは，そうした関連性は支持されなかった。

そこで，3歳時点で欲求理解ができていた子どもの特徴を探索的に検討してみると，全体的に中程度の高さを MM を持つ母親の子どもであることが窺えた。

先行研究では，母親の MM と子どもの課題成績の直線的関係のみが問われてきたが（Meins et al., 2002），これ以外の形で関連する可能性が新たに示されたと考えられる。例えば，Sharp, Fonagy, & Goodyer（2006）は，「よい親子関係」と評定される乳児と母親であっても，実際のところ，親が子どもと調和した行動をとるのはやりとり全体の3～5割程度であるという知見（Tronick & Cohn, 1989）を重視したうえで，親が子どもの心を正確に読み取ることもまた，常にではなくとも潜在的な機会のうち5割程度が行われていれば，子どもの社会情緒的発達に促進的に機能するだろうと論じている。実際に，年長の子どもについてではあるが，母親による子どもの心の読み取りの高群と中群において子どもの社会的適応性に差異はなく，一方，低群の子どものみ適応性が低いことを明らかにしている（Sharp et al., 2006）。そこで，こうした知見を参照し，母親を MM 得点により低中高の3群に分類した検討を新たに加えることとした。そして，MM の低さは子どもの欲求理解を促進する機能を持たないが，中程度以上の高さの MM は子どもの発達に対して促進的機能を持つのではないかという新たな仮説について検討を試みた。

(c) MM の低群・中群・高群

生後6ヵ月時に測定された母親の MM 得点について，標準偏差に基づき，MM 得点が平均から 1 SD 以下の母親を低群（$n=7$），MM 得点が平均から 1

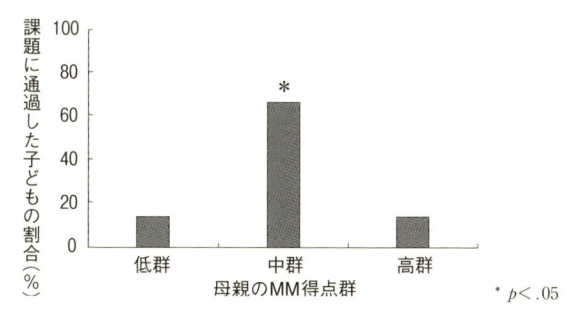

第 3 節 母親の MM と幼児期の心の理解の発達

[グラフ: 低群 約13%、中群 約66%（*）、高群 約13%　* p < .05]

Figure 4-3-2　母親の MM 得点群別　36ヵ月時の欲求理解課題に通過した子どもの割合

SD 以上の母親を高群（n = 7）とし，±1 SD 内の得点の母親を中群（n = 15）として設定した。

　母親の MM と36ヵ月時の子どもの欲求理解課題の成績について独立性検定を行った結果[17]，有意な関連があることが認められた（$\chi^2(2) = 8.19, p = .017$）。残差分析から，MM 得点の中群において課題に通過する子どもが多く（$p < .05$），一方，MM の高群や低群では通過する子どもが少ない傾向（$p < .10$）が示された（Figure 4-3-2）。中程度以上すなわち，MM の中群でも高群でも子どもの欲求理解が高いということではなく，MM 中群の母親の子どもの成績が優れているということが見出された。この新たな分析により，当初予想していた形とは異なり，MM の中程度の高さが子どもの欲求理解に促進的に関係しているという関連が見出された。

　次に，MM の質的グループと子どもの欲求理解課題の成績の関連について分析を行ったが，こちらについては有意な関連は認められなかった（$\chi^2(3) = 3.05, ns$）。

　なお，3歳時点で MM 得点と欲求理解について新たな関連が見出されたため，2歳児に得られたデータについても，同様に MM の低・中・高の3分類による分析を追加した[18]。母親の得点群と子どもの課題通過の関連の独立性を検

---

[17] サンプルの小ささとクロス表内の度数の偏りを考慮し，独立性の検定には正確確率検定を行い，正確有意確率を用いた。分析には SPSS 16.0J および SPSS Exact Tests (Release 6.xJ) を使用した。
[18] 母親の群分けは生後6ヵ月時の MM 測定に参加した全母親の平均得点と標準偏差に基づき，MM 得点が平均から1SD 以下の母親を低群（n = 6），MM 得点が平均から1SD 以上の母親を高群（n = 8）とし，±1SD 内の得点の母親を中群（n = 18）として設定した。

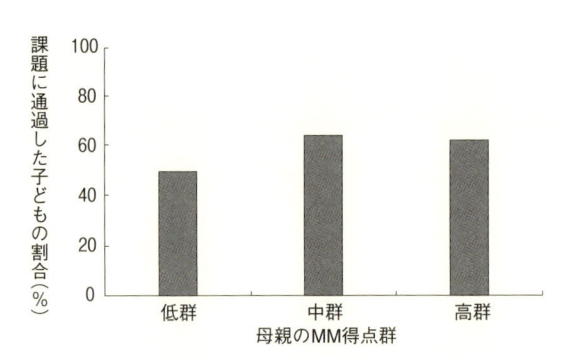

Figure 4-3-3　母親の MM 得点群別　24ヵ月時の欲求理解課題に通過した子どもの割合

定したが，2歳時点では有意な関連性は認められなかった（$\chi^2(2) = .27, ns$）。参考に Figure 4-3-3 に結果を示した。

(2) 他者の感情を理解する

幼児期に入ると，子どもたちは心の状態として「感情」との関わりを深めていく。感情を言葉で表現したり，他者の表情から感情を読み取ったりするようになるのである。ここでは，36ヵ月児が示す感情についての理解能力と，母親の MM との関連を検討する。

(a) 表情を読む，感情を推測する

子どもが示す，感情についての理解能力を把握するために，次のような実験を行った。Denham (1986), Pons ら (2004) を参考に，喜び，悲しみ，怒りを表す女性の顔表情をそれぞれイラストにし，カードを作成した（8 cm×12cm）。このカードを使って，次の3つの課題を行った。まず，「ラベリング課題」ではカードを1枚ずつ呈示し，「これはどんな気持ちのお顔かな？」と質問した。子どもから口頭での回答を得たが，反応が得られない場合は，2回まで質問を行った。これは，表情イラストに対して，子どもが感情を表す語彙を使って説明する能力を把握するための質問である。

次に「表情認識課題」として，顔表情カード3枚を並べて呈示し，実験者が質問した情動を示す表情の選択を求めた。例えば「嬉しい気持ちのお顔はどれか

Figure 4-3-4 36ヵ月時に実施した感情理解実験の様子

な？」と問い，指差しなどで回答を得た。実験者が使用した感情を表す語彙と，表情イラストの照合ができるかを問う課題である。

最後に「文脈に基づく感情推測課題」を行った。簡単な文脈を示したイラストを使って紙芝居のようにストーリーを話し，状況から予想される登場人物の情動状態を子どもに推測させた。喜び状況では，父親が母親に誕生日のケーキを買ってくる話を呈示した。「ケーキをもらったお母さんは，どんな気持ちかな？」と子どもに質問し，顔表情カード3枚から1枚を選択させた。怒り状況では，お母さんがテーブルを拭いた後に，子ども（参加児と同じ性別）がテーブルにクレヨンで落書きをする話をした。悲しみ状況では，お母さんが大切にしていたコップが棚から落ちて割れてしまうストーリーを呈示した。それぞれのストーリーの後に，お母さんがどのような気持ちになるかを子どもに質問した。これは，文脈や状況から，他者の感情を推測することができるかを問う課題である。感情理解実験の様子を Figure 4-3-4 に示す。

以上の3つ課題において，質問する情動（喜び，悲しみ，怒り）の順序はランダムであった。感情の残存効果を考慮し，課題終了後，お母さんがおいしくケーキを食べている話をして喜びの表情画を選択させ，実験を終えた。

それぞれの課題について，子どもの理解度を得点化した。ラベリング課題では呈示された顔表情画に合致する答えを述べた場合に1点を付した。例えば，笑顔のカードについて「嬉しい」「にこにこしている」などの回答が得られれば正解となる。3情動への回答を合計して，ラベリング課題の得点とした。

表情認識課題と文脈に基づく推測課題では，正しい顔表情画を選択した場合

を1点として，3情動への反応の正誤を合計した。いずれの課題も3点満点であった。

(b) 母親のMMと子どもの感情理解[19]

3点満点の各課題について，ラベリング課題の平均は1.72点（$SD=1.36$），表情認識課題は平均1.83点（$SD=1.23$），文脈に基づく推測課題は平均1.05点（$SD=.91$）であった。これら3課題の合計は9点満点中，平均4.60点（$SD=2.43$）であった。平均点からは，文脈に基づいて他者の感情を推測するという課題が最も難しいものであったことが窺える。

母親のMM得点と，感情を理解する発達の関連について分析を行った。なお，得点に分布の偏りが認められたことを考慮し，Spearmanの相関係数を算出した。分析の結果，MM得点と子どもの感情理解の得点には有意な相関が認められなかった（ラベリング課題 $r_s=.27$，表情認識課題 $r_s=-.08$，推測課題 $r_s=.25$，3課題の合計点 $r_s=.23$，全て ns）。

また，MM質的グループとの関連についても，有意な結果は示されなかった（ラベリング課題 $\chi^2(2)=4.35$，表情認識課題 $\chi^2(2)=3.70$，感情推測課題 $\chi^2(2)=4.67$，3課題の合計得点 $\chi^2(2)=1.90$，全て ns）。

そこで次に，欲求理解の分析結果を考慮し，母親のMM得点の高群，中群，低群の3群間に子どもの成績の差が認められるのかをKruskal Wallis検定により分析した。しかしながら，有意差は認められなかった（ラベリング課題 $\chi^2(2)=3.87$，表情認識課題 $\chi^2(2)=1.39$，感情推測課題 $\chi^2(2)=2.98$，3課題の合計得点 $\chi^2(2)=1.06$，全て ns）。

これより，3歳時点で子どもが示す他者の感情理解の発達は，母親のMMによって促進されているだろうという仮説は支持されなかった。

3．48ヵ月時の発達

子どもの48ヵ月時に実験者が家庭を再度訪問し，子どもを対象に以下の実験

---

[19] 子どもの性別と出生順位について，感情理解に関するラベリング課題の成績についてのみ，女児の方が男児よりも有意に優れていた（$z=-2.14$, $p<.05$）。サンプルの小ささから，本書では以下，全体的な分析を実施した。性差を含めた分析は今後の課題としたい。

を行った。まず，MM の提唱者である Meins らによって，MM による促進的影響が報告されている，48ヵ月時点での誤信念理解についての実験を実施した。Meins らによる MM 測定（2001）と，本書が独自に取り組んだ MM 測定の方法は異なるものである。そこで，本書で測定した量的豊富さという MM が，子どもの誤信念理解に促進的な影響を持つのかを確認することが大きな目的となる。また同時に，他者の心の理解の能力として，36ヵ月時に引き続き感情理解の課題も実施した。さらに，社会認知的能力の全般的指標として，子どもの一般語彙理解についても指標を得ることで，母親の MM による，誤信念理解以外のより広範な発達への影響が認められるのかを検証していく。

(1) **他者の誤った信念を理解する**

我々は時々，現実とは異なる「思い込み」を持つことがある。例えば，チョコレートは本当は棚の中にしまってあるのに，冷蔵庫に入っていると思い込んでいる，という具合である。このような，現実とは異なる内容の思い込みのことを，誤信念と呼ぶ。第 1 章でもふれたように，他者の誤信念の理解は，潜在的には乳児期に認められるという報告がある（Onishi & Baillargeon, 2005; Kovács et al., 2010）。しかし，視線などを主な指標とする乳児期の誤信念理解の実験に対して，実験者の問いに言語や行動で回答する旧来の誤信念課題（サリー・アン課題など）を用いた実験では，やはり 4 歳前後になって，子どもたちが正答を示し始めるという一貫した結果が得られている。ここでは，幼児期における誤信念理解の指標として後者の実験を実施し，母親の豊富な MM による影響の有無を検討していく。

(a) 実験の手続き[20]

Wimmer & Perner (1983), Meins et al. (2002) を参考に位置誤信念課題を実施した。シマウマとサルの人形，クッキーの玩具，黄色の袋と青色の袋を用いた。シマウマが黄色の袋にクッキーを入れた後公園へ遊びに行くが，シマウマがいない間に，サルがクッキーを黄色の袋から青色の袋に移し，その後にシマ

---

[20] 誤信念理解の課題として，内容物に対する誤信念課題（スマーティ課題）も実施した。しかしながら，本実験の対象児全員が誤答を示したため，位置誤信念課題の結果のみを分析に用いた。

ウマが帰宅するストーリーを実演した。記憶質問として、シマウマが公園に行く前にクッキーを入れた袋がどちらであるかを質問した。次に現実質問として、今クッキーが入っている袋はどちらであるかを質問した。これら2問に不正答の場合、ストーリーを再演して再度、質問を行い、ストーリーの理解について確認をした。記憶質問と現実質問に正答してから、誤信念質問として、おやつを食べたいと思っているシマウマはクッキーをどちらの袋に探しにいくかを質問した。シマウマは黄色の袋にクッキーが入っていると思っているので、黄色の袋が正解となる。この最終質問に正答した場合、課題通過とした。

(b) 母親のMMと誤信念理解の発達

位置誤信念課題に正答した子どもは10名であり、全体の31.3％であった。先行知見が示唆するように、4歳になったばかりの幼児にとって、容易な課題ではないことが窺えた。

母親のMM得点が、この課題に対する子どもの成績と関連しているのかを分析した。まず、点双列相関係数を求めたが、両者の間に有意な相関は認められなかった（$r_{pb}=-.28$, ns）。これより、母親の高いMM得点が子どもの優れた誤信念理解と関連するだろうという仮説は支持されなかった。これは、乳児期に測定された母親のMMが、子どもの高い誤信念理解能力を予測したMeinsら（2002；2003）とは異なる結果であった。

ただし、本節では36ヵ月時の分析から、MM得点中群の子どもの欲求理解課題の成績が高いという、当初は予想していなかった形の関連が認められている。他者の欲求理解は、後の誤信念理解へと関係する能力だと考えられる（Wellman & Liu, 2004）。そこで、48ヵ月時の誤信念理解にも、MM得点の中群の母親の子どもの成績が高いという形の関連があるのかを検討することとした。

母親のMM得点群について、48ヵ月時の分析対象は低群が6名、中群が17名、高群が8名であった。母親の3群と子どもの成績について独立性検定の結果[21]、有意な関連が認められた（$\chi^2(2)=5.52$, $p<.05$）。残差分析より、MM

---

[21] 独立性の検定に際して、サンプルの小ささとクロス表内の度数の偏りを考慮し、正確確率検定を行い、正確有意確率を用いた。分析にはSPSS 16.0JおよびSPSS Exact Tests（Release 6.xJ）を使用した。

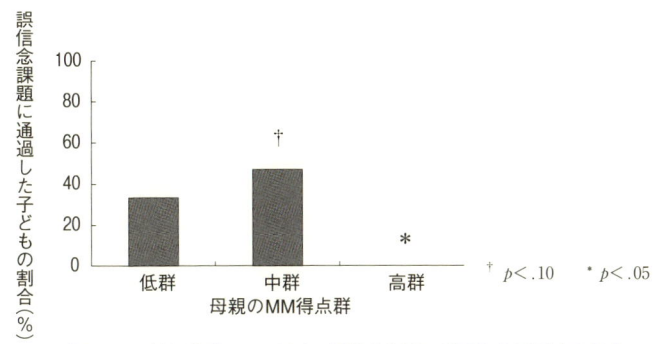

Figure 4-3-5 母親の MM 得点群別 48ヵ月時の誤信念課題に通過した子どもの割合
注：中群では通過した子どもの人数が多い傾向があり（$p<.10$），高群には通過した子どもの数が有意に少なかった（$p<.05$）。

中位群の母親の子どもが課題に正答することが多い傾向にあり（$p<.10$），一方，MM 得点の高群において課題に通過する子どもが有意に少ないこと（$p<.05$）が見出された（Figure 4-3-5）。これは，36ヵ月時の欲求理解の発達と母親の MM 得点との関連のパターンと重なるものであった。つまり，高い MM 得点を持つ母親ではなく，全体の中位群に属する母親の子どもにおいて，他者の誤信念理解が最も優れているという結果が見出された。

なお，MM 質的グループとの関連については，有意な群間差は認められなかった（$\chi^2(2) = 6.92, ns$）。

(2) 他者の感情を理解する

他者の感情を理解する発達について，48ヵ月時点における理解度の把握を行った。実験内容は36ヵ月時と同様であるが，対象となる感情の種類を増やし，より多様は感情についての理解を質問した。

(a) 実験の手続き

Pons ら（2004）を参考に，喜び，悲しみ，怒り，恐れ，普通の5情動について課題を行った。36ヵ月時点と同様に，ラベリング課題，表情認識課題，文脈に基づく推測課題の3課題を行った。

ただし，表情認識課題，文脈に基づく推測課題については課題を円滑に進め

Figure 4-3-6 48ヵ月時における感情理解課題の様子

るため，回答選択肢として（顔表情画カードではなく），5情動のうち4つの顔表情画を印刷した紙面を使用した。例えば文脈に基づく推測課題では，文脈を示す絵を用いてストーリーを話した後，紙面上の4つの顔表情画から登場人物の情動を1つ選ぶよう求めた。なお，質問ごとに情動の組み合わせが異なる選択肢セットを使用し，選択肢中の肯定的情動と否定的情動に偏りがないよう考慮した。

文脈に基づく推測課題のストーリーには対象児と同性の子どもが登場し，挿絵中の登場人物の顔は空白であった。喜び状況はサンタクロースからプレゼントをもらう話，恐れ状況は夜にお化けが出てくる話，普通状況として洋服を着替える話，怒り状況は主人公が描いた絵に友達がいたずら書きをする話，悲しみ状況は主人公の好きな玩具がなくなる話を呈示した。

得点化は36ヵ月時の課題と同様に行い，ラベリング課題は呈示された顔表情画の内容に合致する言語的説明が行われた場合に1点を与えた。表情認識課題と文脈に基づく感情推測課題では，正解となる顔表情画を選択すれば1点を与え，各課題は5点満点とした。

課題の実施場面の一部を Figure 4-3-6 に示す。

(b) 母親の MM と感情理解の発達

各課題の得点について，ラベリング課題は平均2.60点（$SD=1.33$），表情認識課題は平均4.13点（$SD=.73$），感情推測課題は平均2.87点（$SD=1.25$），3課題の合計点は平均9.52点（$SD=2.34$）であった。「悲しいお顔はどれかな？」

といった，実験者による心的語彙の呈示と顔表情の照合は，48ヵ月児にとって最も容易であることが窺えた。

　感情理解の3つの側面と，母親のMM得点との関連を分析した。まず，ラベリング課題にのみ，有意な相関が認められた。MM得点の高い母親の子どもは，顔表情画に対して自ら心的語彙を用いて説明する能力に優れることが示された（$r_s = .42$, $p < .05$）。

　次に，他の課題得点について母親のMM得点に基づく3群（低・中・高）間における差を検討したが，有意差は認められなかった（表情認識課題：$\chi^2(2) = 2.41$, 感情推測課題：$\chi^2(2) = .73$, 感情課題の合計得点：$\chi^2(2) = .19$, 全て ns）。また，MM質的グループの間にも，子どもの感情理解に有意な差異は認められなかった（表情認識課題：$\chi^2(2) = 2.74$, 感情認識課題：$\chi^2(2) = .02$, 感情推測課題：$\chi^2(2) = 3.11$, 感情課題の合計得点：$\chi^2(2) = .79$, 全て ns）。

(3) 全般的な言語の理解

(a) 手続き

　18ヵ月，24ヵ月時点では心を表す語彙の理解や使用の状況について調査を実施してきた。ただし，日常で用いる心的語彙について，特に理解能力は，24ヵ月時点でかなり進んでいる結果が得られた。そこで，48ヵ月時点では，心的語彙に限らず，より全般的な一般語彙についての調査を行った。こうした語彙能力については，他者との社会的やりとりを行ううえで直接的に重要な役割を担っていると考えられる。

　全般的な語彙理解の課題として，日本語版絵画語い発達検査（上野・撫尾・飯長，1991）を実施した。子どもに4つの絵を示し，検査者が話した語彙を表す絵を選択するように求めた。例えば，りんごを含む4つの絵が描いてある紙を見せながら，「りんごはどれかな？」と質問するという具合である。全68項目の語彙についての検査であるが，実施手続きに従い，子どもの誤答や無回答が続いた時点で課題を終了した。回答を得た語彙について正誤の得点化を行い，既定の手順に沿って語彙月齢を算出した。なお，1名が検査中断となったため，語彙能力に関する分析対象は30名であった。

(b) 母親のMMと一般語彙の理解

　語彙月齢の平均は49.90ヵ月（$SD=10.63$）であり，調査対象児の生活年齢である48ヵ月とほぼ重なっていた。子どもの語彙月齢と母親のMM得点との相関分析を実施した。その結果，正の相関を持つことが示され（$r_s=.49, p<.01$），高いMMを示した母親の子どもは，一般語彙の理解が優れていることが示唆された。

　なお，MM質的グループとの有意な関連は認められなかった（$\chi^2(2)=5.09, ns$）。

4．考　察

　本節ではここまで，豊富なMMを持つ母親の子どもは，他者の心を理解する能力がより発達しているだろうという仮説について，生後24ヵ月，36ヵ月と48ヵ月時点における検討を行ってきた。

　以下，各調査時期に得られた結果について，感情理解の発達，一般語彙の発達，欲求・信念理解の発達，という内容にまとめて考察を行っていく。

(1) 感情理解の発達

　母親のMMが子どもの発達に与える影響として，先行研究では誤信念理解のみが検討対象となってきた。そこで本章では，これまで検討されていない感情理解の発達に注目し，新たな検討を行った。ここでは，母親のMMとの関連が見出された48ヵ月時の実験結果を中心に考察する。48ヵ月時の実験結果から，「うれしい気持ちのお顔はどれかな？」という顔表情の認識課題の平均点は高く，多くの子どもがすでに一定の理解に達していると考えられた。一方，「これはどんな気持ちのお顔？」と質問する表情ラベリングや，ストーリーから登場人物の感情を推測する感情推測課題は，5点満点中2点台の平均点であり，今まさに発達しつつある理解力であると考えられた。

　そして，48ヵ月児にとって発達の最中である表情ラベリングについて母親のMMとの有意な関連が見出された。乳児期に高いMMを持っていた母親の子どもが，他者の表情に対して心的語彙を使って説明する能力が優れていることが明らかとなったのである。

一方，他者の感情推測という能力には，母親のMMとの関連は認められなかったが，表情ラベリング課題と感情推測課題では，回答方法に差異があったことに注目したい。感情推測課題では，視覚的な顔表情選択肢から1つを選択するという回答方法であったのに対し，ラベリング課題では顔表情に対する子ども自身による言語的説明を求めた。母親のMMは，感情理解能力の中でも「うれしい」「かなしい」といった感情語彙の使用に促進的な意味を有していた可能性が考えられる。

　子どもの感情語彙の使用の発達には，子どもが経験する環境からの影響が考えられよう。先述のようにMeins（1997）は，乳児に心の存在を想定しやすい母親は，その特徴の現れとして，子どもとのやりとりで子どもの内的状態に多く言及しやすいのではないかと論じている。実際に本研究からは，乳児期（第3章）およびその後の幼児期（本章）でも一貫して，MMの高さが母親の心的語彙を用いた発話の多さと関連することが見出されている。この言語的な環境は子ども自身の心的語彙の発達を高めているのではないかと考えられた。

　そしてこれまで，母親の心的語彙使用が子どもの感情理解の高さと関連するという報告はなされてきたが（Laible, 2004; Taumoepeau & Ruffman, 2006），母親の心的語彙の使用量になぜ個人差があるのかという点は問われてこなかった。今回見出された，乳児期のMMと高い感情理解能力の関連，特に発達早期からの親子間の会話という影響プロセスを伴った知見は，子どもの感情理解を支える環境の理解に新たな視点を提示するものと考えられる。

(2) 一般語彙の発達

　48ヵ月時の実験結果から，高いMM得点を持つ母親の子どもは，一般語彙の理解に優れることが明らかとなった。

　MMによる子どもの語彙能力全般への影響を直接的に問う研究は少ないが，Laranjoa & Berniera（2012）は，1歳時に母子相互作用の中で観察された母親による心的語彙の使用のしやすさが，2歳時点の子どもの全般的な語彙使用能力の高さと関連することを見出している。ただし，母親の発話の中でも，認知状態に対する発話量のみが，母親が質問紙に回答する形で把握された子どもの語彙表出能力を予測したという。本研究の分析から，MM測定実験において高

い得点を示した母親が，生後6ヵ月時から長期的に母子相互作用の中で心的語彙を多く使用することが確かめられた。本研究では子どもの語彙理解の発達に着目し，表出に関する発達的指標を得ていないが，母親の心的語彙の使用という特徴が子どもの言語発達を理解力の面でも引き上げていると考えられる。ただし，本縦断研究で観察された母親による心的語彙の使用場面を見ると，Laranjoa & Berniera（2012）が指摘する認知状態を表す語彙の使用は非常に少なく，子どもの好みや興味の対象を含む発話（「車が好き？」や「絵本を読みたいの」などの表現）が多かった。こうした，子どもの心の状態を描写しようとする際に様々な語彙を含む母親の発話は，様々な名詞や動詞など語彙全般に対する子どもの理解を促進しやすかったのではないかと考察される。

なお，語彙全般（ならびに3章と本章で取り上げた心的語彙）の理解の発達について，母親による全体的な発話量の多さ自体が，促進的な影響を持っていた可能性にもふれておきたい。本研究で母親の心的語彙の使用に着目したのは，MMという子どもの心への目の向けやすさが反映されやすいと考えられること，また，発話の全体的豊富さではなく，心的語彙の使用の豊富さが，子どもの感情理解や誤信念理解に影響するという先行研究の報告（Ruffman et al., 2002; Taumoepeau & Ruffman, 2006）を重視したためである。しかしながら，今後，母親による子どもへの発話総量や母親の語彙能力も分析に加え，統制をとることが課題である。

(3) 欲求・信念理解の発達

本章では，心の理論の発達を段階的にとらえ（Wellman & Liu, 2004），母親のMMは誤信念理解のみならず，より早期に進む欲求理解の発達も促進するだろうという仮説を設けた。

実験の結果をまとめると，まず，乳児期に測定された母親のMMは，24ヵ月時点における子どもの欲求理解の課題成績と関係していなかった。しかし，36ヵ月時に測定された欲求理解の成績について，母親のMMとの興味深い関係が見出された。総体的に中程度のMMを持つ母親の子どもが，欲求理解に最も優れており，一方，高いMMを持つ母親の子どもは，予想に反して成績が低いという結果が認められた。さらに48ヵ月時の誤信念課題の成績について

も，高い MM を持つ母親の子どもの成績は低かった。そして，中程度の MM を持つ母親の子どもの誤信念の理解が進んでいることが示唆された。

これらの結果から，MM は先行研究（Meins et al., 2002; 2003）が検討している 4 歳あるいは 5 歳といった時期よりも早い段階から，子どもの心の理解能力の発達に影響していることが見出された。ただし，その影響の形は，母親の高い MM が子どもの課題成績の高さを予測するという先行知見（Meins et al., 2002）とは異なるものであった。

先行知見との差異について，まず，MM として測定した内容の差異が関係しているのではないかと考えられた。Meins ら（2002）において MM は，母子相互作用中に母親が子どもの内的状態に言及した発話のうち，文脈に照らして適切だと判断された発話の量が指標となっていた。一方，本研究では，MM として，そもそも乳児に対して何らかの心的帰属を行うのか否かという点を重視し，共通の乳児ビデオ刺激に対する心的帰属の量に着目した。「乳児を心を持った一人の人間として扱う」という養育者の特徴（Meins, 1997）を測定する方法として，Meins らと本研究では重視した内容に差異があるために，子どもの誤信念理解との異なる関連パターンが示されたのではないかと考えられた。

今回見出された，乳児への心的帰属の量としての MM と欲求・信念理解との関連について，MM の高群と中群の差を考察したい。本研究では当初，これらの群の間に子どもの発達の差を予想していなかった。特に，MM 高群の母親の子どもにおいて，欲求理解や信念理解の課題成績が低いという結果は予想と全く逆のものであった。MM の高さについて Fonagy, Gergely, & Target（2007）は，臨床的な見解としたうえで，子どもに対する偏りを含んだ過剰な心的帰属（hyper-mentalising）と適度な MM を区別する必要性を指摘している。本研究で高い MM を持つと分類された母親は，乳児の心について目を向ける際，過剰性や内容の偏りを含んでいたのだろうか。総体的に中程度と分類された MM 得点には相対的に過剰性や偏りが少なく，そのために子どもの欲求や信念理解の発達を促進し得たという可能性も新たに考えられた。

本研究で用いた MM 測定方法では，あらかじめ固定された場面における乳児の心について回答を得るため，実験結果から母親が乳児に心的帰属を行う場面の偏りを検出するのは難しい。ただし，MM 測定実験で回答数が多い母親

は，自分の子どもとのやりとり場面でも心的世界への発話が多いこと（第2・3章）を考慮すると，高い MM を持つ母親は子どもに心を帰属しようとする機会自体が多いため，母親が自発的に子どもに対して心を読み込む機会，ないしその際の具体的内容に，偏りや過剰性が含まれる可能性があるのかもしれない。例えば，実際には子どもの側が必要としていない時に，母親が MM の高さ故に子どもの心を想像してやりとりを図ろうとする，あるいは，子どもが環境や他者に対して自発的に行う思考を（結果的に）先回りして，母親が発話や行動を起こしてしまう，などということも考えられる。乳児に対する心的帰属の量的な豊富さは，子どもに対する内容としての適切な見方，行動とは独立している可能性があるだろう。本書で測定した豊富な MM がどのような意味を持っていたのか，総合考察において再び議論することとしたい。

第4節　幼児期の調査のまとめ

1．母親の MM と幼児期の養育行動

　本章では，子どもの乳児期に測定された，乳児に対する母親の心的帰属のしやすさという MM が，子どもが幼児期へと至った後も母親による子どもへの発話に影響するのかを検証した。母子相互作用の観察結果から，子どもが24ヵ月時，さらにその後36ヵ月の時も，MM 得点の高さが母親による子どもの心についての言及頻度と相関していることが認められた。乳児期に実施した同様の観察結果（第2・3章）と併せて，母親の MM 得点の高さは，子どもの生後6ヵ月時から36ヵ月時までという本書で観察を実施した全ての時期に亘って，子どもの内的状態への発話頻度と関連することが明らかとなった。MM の高さは子どもに対する豊かな心的語彙の付与と関係するだろうという Meins（1997）の仮説的説明に対して，本研究は，乳児期から幼児期における実証的知見を呈示する結果を得た。

2．母親の MM と幼児期の心の理解能力の発達

　高い MM 得点を持つ母親の子どもは，心の理解能力に優れるだろうという仮説について，24ヵ月，36ヵ月，48ヵ月の各時点における検討を実施した。先

行研究では検討がなされていない感情理解の発達について，高い MM を持つ母親の子どもほど，48ヵ月時点における感情語を用いた表情ラベリング能力に優れることが認められた。さらに，48ヵ月時には一般語彙能力についても母親の MM の高さと相関することが見出された。これらの結果は，MM が子どもの心の理論獲得以外にも，より広い意味での子どもの心の理解能力，社会的能力の発達を促進するだろうという仮説を支持するものであった。しかし，24ヵ月と36ヵ月時の欲求理解，さらに48ヵ月時の誤信念理解の発達については母親の MM の高さと相関関係にないことが明らかとなった。そして，36ヵ月時の欲求理解と48ヵ月時の誤信念理解については，最も MM 得点が高い群の母親の子どもは成績が優れず，むしろ，中程度の高さの MM を持っていた母親の子どもが，欲求や信念の理解に優れるという関連パターンが見出された。母親の MM は，子どもの感情理解と欲求・信念理解という両側面と関連を持つものの，側面によって影響の仕方が異なることが新たに示唆された。

第 5 章

子どもを見つめる母親の発達

第1節　乳児へのMMとその後

　本書ではここまで、子どもの乳児期に測定された母親のMM、すなわち、乳児に対して心的世界の存在を豊かに想定する傾向が、子どもの発達に及ぼす影響を検討してきた。0歳時から4歳時までの縦断調査の結果を示してきたが、この調査期間の中で、母親側にも時間の経過に伴う発達や変化があったのではないだろうか。この章では、母親側へと焦点を移し、母親が持つ「子どもの心に目を向ける傾向」について、乳児期以降の変化を考えていきたい。

1. 母親が持つ特徴の変化と連続性

　養育者の様々な特徴に着目した縦断研究は、旧来、子どもの発達に及ぼす影響を明らかにすることに主眼を置いてきた（例えばMeins et al., 2002; Oppenheim et al., 2005）。そのため養育者側についての縦断研究は少ないのだが、子どもを育てる養育者は、決して静的な存在ではない。子どもが発達するのと同様に、親もまた、日々変化を続けていると考えられる。ここでは、子どもの心に目を向けるという親の特徴に関して、時間軸上の変化、あるいは一貫性について知見を紹介する。

　まず、子どものシグナルを読み取り適切に応答するという、母親のsensitivity（第1章第5・6節参照）について、子どもの生後1ヵ月と9ヵ月時に同一の母親を観察し比較した研究がある。子どもの運動能力や表出行動の発達に伴い、子どもに対する母親の具体的な行動そのものは当然ながら変化していると考えられる。ところが、sensitivityという行動全体に亘って認められる質、すなわち子どもへの応答性の高さや適切性のレベルは、2時点で一貫していた（Isabella, 1993）。具体的な養育行動の形は子どもの発達に伴い変化しても、養育の質は、母親個人内で時間的に安定しているという結果が注目される。

　母親のsensitivityは、子どもに対する養育行動から評定される特徴であるが、母親が子どもの心をどのように見ているのかという認知的特徴の時間的変化についても研究が行われている。Oppenheimら（2001）は、子どもの行動を見た時に、養育者が子どもなりの感情や思考、動機の存在を想定し、子どもの

心的な経験について洞察しようとする様子に注目し，この傾向を Insightfulness と呼んでいる（第1章第6節も参照）。これは，子どもの心的世界に対する母親の認知的特徴を表す概念であり，母親の Insightfulness を2時点で測定し比較するという検討が行われている。ただし，この検討は，臨床的介入の効果の評価として実施された。例えば情緒的，行動的問題を抱える子どもの養育者の Insightfulness について，養育者に対する7ヵ月間のトレーニングやカウンセリングといった介入を行うと，有意な向上が認められた (Oppenheim, Goldsmith, & Koren-Karie, 2004)。この結果は，母親が持つ子どもの心の世界に対する見方には，変化する柔軟性があることを示唆している。しかし，臨床サンプル以外の母子において，介入などの影響ではなく，子どもの成長に伴う時間的変化が母親内でどのように起こるのかは明らかにされていない。

なお Meins ら (2003) も，健康な母子を対象とし，子どもが生後6ヵ月時と，その後の48ヵ月時の2時点で，母親の MM を測定している。しかしながら，この研究の大きな問いは，いずれの時期に測定された MM が子どものメンタライジング能力の発達に寄与するのかというものであり，2時点の MM の比較検討は行われていない。さらに，2時点における母親の MM の測定方法は異なっており，母親の発達的変化については考察されていない。

こうした状況から本章では，「子どもの心に目を向ける」という母親の認知的特徴の時間に伴う変化，あるいは連続性について実証的検討を進めることとし，以下，具体的な方法について考えていく。

2．乳児の心，幼児の心

母親が子どもを心的行為者とみなすことを，子どもの成長という時間軸上で考えると，乳児と幼児に対する心的行為者としての扱い方には，質的な差があるのではないだろうか。

まず，乳児に対しては，Meins (1997) が想定したように，乳児の言動の背後に，大人と同じような複雑な心的世界があることを仮定するという特徴がある。幼い乳児が，実際には大人のように明確に，あるいは複雑な形で，意図や予測，願望や信念を持っていないとしても，養育者はついつい，乳児の心の世界の存

在を想定してしまうという点が特異であろう。

　一方，子どもは成長するにつれ，実際に子ども自身の感情や思考を明確に持ち始める。したがって，子どもの心に対する養育者の関わり方は乳児への想像的な心の「帰属」あるいは「付与」から，幼児に対する実体としての心の読み取りへと，質的に変化していると考えられる。

　こうした発達段階に応じた差異を考慮すると，乳児に対する母親のMMを，子どもの乳児期と幼児期の2時点で測定して比較するという単純な方法は十分でないだろう。同一指標の単純な比較というよりも，乳児の心に目を向けやすい，すなわち，時には実態以上に乳児の中に心の存在を想像してしまうという母親の特徴が，その後，子どもが実際に備え始めた心の世界の読み取りにどのような形で表現されるのかを検討することが重要だと考えられる。

3．母親の追跡調査

　以上の点を踏まえて本章では，子どもの乳児期に，乳児に対する心的帰属のしやすさ（MM）を測定した母親（第2章）の追跡調査を計画した。子どもが幼児期に至った時点で，母親に再度調査への参加を依頼し，子どもの心の状態に目を向ける傾向を再度測定する。そして，先のMMからの変化や一貫性について，検討を行うこととした。

　特に，幼児期の子どもに対しては，ただ単純に子どもの心の存在を認めようとするだけではなく，幼児なりの心の世界を，母親の視点から歪めたり限定したりせずに適切に読み取ることが肝要であると考えられる（Oppenheim et al., 2001）。こうした，子どもの心に目を向けようとするか，さらにその見方が適切なものかを問う概念が先述のInsightfulnessである。そこで，生後6ヵ月時に実施されたMM測定の結果と，幼児期の追跡調査で測定する母親のInsightfulnessとの長期的な関連性について，以下，分析していきたい。特に，MMという乳児に対する心的帰属のしやすさが，その後，幼児期においても子どもの心に対する目の向けやすさとして安定しているのか，そしてその内容としての適切さにも連続しているのかを検討する。ここでは，乳児期に測定された母親のMM得点の高さが，後のInsightfulnessの高さを予測するという予想について確かめていくこととしよう。

第2節　幼児の心をどう見ているのか

1．追跡調査の実施

　子どもが生後6ヵ月時にMM測定実験（第2章）に参加した母親38名に対して，子どもが48ヵ月時に追跡調査への協力依頼を行った。30名の母親から，調査への協力が得られ，再び家庭訪問を実施した。

　この時点における母親の平均年齢は35歳5ヵ月（レンジ24歳〜45歳）であった。子どもについて，性別は女児17名，男児13名，平均月齢は50ヵ月9日（レンジ47ヵ月1日〜57ヵ月10日）であった。出生順位は，第1子が17名，第2子以降が13名であった。

2．「幼児の心に目を向ける傾向」の測定

　Insightfulness の測定は，母親自身の子どもの様子をおさめたビデオ映像を用いた半構造化インタビューである。Insightfulness Assessment（IA: Oppenheim & Koren-Karie, 2004）によって行われる[22]。ビデオ映像を用いることから，本書第2章で実施したMM測定と同様に，実際の具体的な子どもの行動に対する母親の見方の特徴をとらえることが可能である。

　IAでは，異なる3つの場面のビデオ映像を用いる。映像録画のために，各家庭において，筆者と子どもの遊び場面（5分間），母子による遊び場面2種類（各10〜15分）を撮影した。母子遊びの内容は，小さなボールを運ぶゲームと，ネコの家族の人形を使ったお話作りであった（Figure 5-2-1）。

　撮影終了後，母親へのインタビューを行った。撮影したビデオ3種を数分ずつ呈示し，それぞれの場面について，子どもの感情や思考，動機についての質問を行った。さらに，母親自身がビデオの子どもの様子について感じたことを問う一連の質問を行った。

　インタビューの逐語録を作成し，以下の評定作業を行った。母親の語り全体

---

[22] Insightfulness Assessment の実施について，筆者は2006年7月にIAの開発者らが実施したワークショップを受講し，IAの実施手続きとインタビューデータのコーディングに関するトレーニングを受けた。

Figure 5-2-1　48ヵ月時に撮影された母子自由遊び場面

に亘る特徴について，10の下位評定尺度の得点定義に基づき評点を付した（1点～9点）。下位尺度の内容は Table 5-2-1 に示すように多面的であり，それぞれの下位得点も算出することができる。

Table 5-2-1　Insightfulness Assessment における下位評定尺度の内容

尺　度	内　容
1. 複雑性	子どもの多様な感情や思考の内容に目を向け，子どもを多面的にとらえようとする。良い面も難しい面も含めて，子どもの全体的な人間像を語ろうとする。
2. 焦点化	インタビュー全般に亘り，子どもの内面や特徴を理解し語ろうとすることに焦点を保つ。母親自身のことや他の関心ごとに話題が逸脱しない。
3. 洞察性	子どもの行動の理由や，背景にある動機，思考，感情について理解しようとする。
4. 受容	子どもの行動やその動機を受け入れ，子どもの良い面だけでなく，困難な面についても理解し受容しようとする。
5. 怒りと敵意[a]	子どもに対して（たとえ過去の出来事であっても，まるで今現在のことのように）怒りや敵意を向け，子どもの行為を悪意あるものとみなす。
6. 心配[a]	子どもの特徴や能力，あるいは母親自身の事柄について強い心配や懸念を示す。
7. 自分と子どもの分離	子どもを独立した一人の人間とみなし，母親とは異なる要求や願望を持った存在としてとらえる。
8. 開放性	既存の考えに固執せず，開かれた姿勢でビデオを見る。子どもについて母親が有している既存の見方と，ビデオ呈示された子どもの姿を比較しながら，子どもについて深く理解しようとする。ビデオから新しい気付きを得ることもある。
9. 語りの豊かさ	子どもについての問いに，具体的で豊かな情報（日常のエピソード）を伴いながら詳細かつ明確な回答を示す。
10. 語りの一貫性	子どもの多様な側面にふれながらも，インタビュー全体に亘り，矛盾なく一貫した形で子どもについて語る。

[a] 注：「怒りと敵意」と「心配」は，得点が中程度～低得点（敵意や心配がない）のほうが，Insightfulness に富んでいると解釈される尺度である。

それぞれの母親の下位尺度の得点に基づき，Insightfulness の特徴として，以下3つのタイプへの分類を行った。

(a) Positive Insightfulness（PI）
　子どもの内的状態や動機を理解しようとする開かれた姿勢で，子どもを受容的にとらえようとするタイプである。PI に分類されるためには，「複雑性」「洞察性」「受容」「開放性」のいずれも高い得点を示すことが必要となる。

(b) One-Sided（Os）
　子どもの内的状態よりも母親自身の持つ考えや先入観，関心のほうに注意が偏るタイプである。子どもの心的経験について回答しようとするものの，語りの内容に偏りが見られる。中程度の「洞察性」を示すが「開放性」や親自身と子どもの「分離」が低く「心配」が高いといった特徴を持つ。

(c) Disengaged（De）
　そもそも子どもの心の世界に目を向けにくく，子どもの感情や思考について考えることに困難を示すタイプである。子どもの感情や思考について考えるということ自体に困難を示し，インタビューへの回答が短く限定的である。このため「洞察性」や「複雑性」が低いという特徴を持つ。

3．幼児の母親の特徴

　母親の Insightfulness 尺度得点の評定結果は Table 5-2-2 のとおりであった。また，これらの下位尺度得点に基づく3つのタイプ分類の結果は，PI が46.7%（$n=14$），Os が23.3%（$n=7$），De が30.3%（$n=9$）となった。幼児の母親間において，下位得点にもばらつきがあり，幼児の心に対する見方にも，乳児期同様に，個人差があると考えられる。

　Insightfulness タイプおよび下位得点について，子どもの性別ならびに出生順位との関連を検討した。タイプ分類には，性差および出生順位との有意な関連は認められなかった。

　一方，下位得点の「分離」得点は女児の母親の方が男児の母親よりも低かっ

Table 5-2-2　Insightfulness 尺度得点の評定結果

	平均値	(標準偏差)	レンジ
1. 複雑性	5.58	(1.46)	3-8
2. 焦点化	7.16	(1.42)	4-9
3. 洞察性	4.97	(1.49)	3-7
4. 受容	5.94	(1.59)	3-8
5. 怒りと敵意	1.94	(1.39)	1-6
6. 心配	3.13	(1.48)	1-8
7. 自分と子どもの分離	6.87	(1.61)	3-9
8. 開放性	5.39	(1.38)	3-8
9. 語りの豊かさ	5.71	(1.64)	3-9
10. 語りの一貫性	5.71	(1.62)	3-8

た（$t(29)=3.32, p<.01$）。女児，つまり母親にとって同性の子どもには，より強く母親との類似性や親密性が意識されやすかったのではないかと考えられる。また，「受容」と「開放性」の得点について，IA の対象となるのが第2子以降の子どもの母親の方が，第1子の母親よりも高かった（順に，$t(29)=-3.05, p<.01, t(29)=-2.76, p<.05$）。第1子と比較して第2子以降の子どもの母親の場合，当該の子どもの独自性を多く話したり，「このくらいの年齢の時はこんな感じですよね」などと，子どもの姿を受容する語りが認められた。第1子の母親よりも，複数の子どもを育てる母親には，より客観的に子どもの様子をとらえるという特徴があるのではないだろうか。

　なお，参考として，第2章の分析において，母親の MM 得点には子どもの性別および出生順位による差は認められなかった。MM 得点と比較すると，Insightfulness には子どもの属性と複数の関連性があるという差異がまず見出された。

第3節　母親の縦断調査：乳児期と幼児期の比較

1．母親の MM と Insightfulness の関連
(1) **Insightfulness タイプについて**

　子どもが生後6ヵ月時に測定された母親の MM と，48ヵ月時に測定された Insightfulness タイプの関連を検討した。まず，母親の MM 得点と，Insightfulness タイプの関係について，一要因分散分析を実施した。その結果，

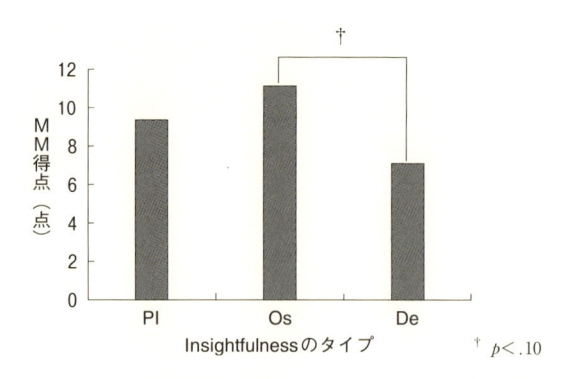

Figure 5-3-1　母親の MM 得点と Insightfulness タイプの関連

Insightfulness のタイプ間において MM 得点に差があるという傾向が示され（$F(2, 27) = 2.63, p < .10$），下位検定から，Os の母親は De の母親よりも MM 得点が高い傾向が認められた（Figure 5-3-1）。しかし，PI とそれ以外のタイプとの間に MM 得点の差は認められなかった。乳児期に測定された母親の MM 得点の高さは，後の PI を予測するのではないかと考えられたが，こうした関連性は確認されなかった。

　第 4 章において，母親の MM 得点に基づく高群・中群・低群の 3 つのグループ間に，子どもの欲求や信念理解の発達と関連が認められた。そこで，母親の MM 得点の高群・中群・低群という分類と，Insightfulness タイプとの関連も検討した。しかし，有意な関連は認められなかった（$\chi^2(4) = 4.19, ns$）。

　続いて，MM の質的グループ 4 群と Insightfulness タイプの関連について分析を行った。しかし，有意な関連は見られなかった（$\chi^2(6) = 5.79, ns$）。

　これより，子どもの乳児期に測定された母親の MM 得点ならびに MM の質的特徴は，後の Insightfulness（特に PI）を予測するものではないことが示唆された。

(2) **MM と Insightfulness 下位尺度得点の関連**

(a) MM 得点との関連

　Insightfulness の内容として，下位尺度得点と MM 得点と関連を分析するため，相関係数を算出した。結果は Table 5-3-1 に示したとおりとなった。

MM 得点と「複雑性」および「語りの豊かさ」得点の間に，有意な正の相関が認められ，「洞察性」得点にも相関傾向が見出された。一方，「焦点化」得点とは負の相関傾向が認められた。その他の尺度得点と MM の間には，有意な関連は認められなかった。

続いて，Insightfulness の下位尺度と MM 得点の3群（高群・中群・低群）の関連を分析した。その結果，MM 得点の3群について，「複雑性」得点に差が認められ（$F(2, 28) = 4.04, p < .05$），多重比較の結果から MM 高群が MM 低群よりも高い「複雑性」得点を持つことが示された（$p < .05$）。

MM の量的豊富さと「複雑性」の関連については，MM の特徴がその後も長期的に連続するのではないかという予想にそった結果を得た。つまり，乳児の行動の背景に様々な内的状態を想定し，それを豊かに報告する母親は，4年後，子どもが幼児期に至った際にも，子どもの行動の動機を多側面から理解しようとし，複数の視点から語る特徴を有していることが見出された。さらに，MM 得点は「語りの豊かさ」，すなわちインタビュー全般に亘って子どもの様子を様々な例示を挙げながら詳細に語るという特徴とも相関していた。これより，乳児への MM としてとらえられた母親の特徴の中で，特に量的な豊富さに関連する側面は，母親内でその後も連続し，幼児の心に対する見方にも反映されていると考えられた。また，有意傾向ではあるが「洞察性」との相関も認められたことから，乳児への心的帰属の行いやすさは，幼児の感情や思考に目を向け，内的な動機を探りながら子どもを理解しようとする傾向につながっているものと考えられた。

一方，子どもの内的状態や特徴について問う IA インタビューの中で，子どもについて思考しようと集中する程度である「焦点化」得点は，予想に反して

Table 5-3-1 母親の MM 得点と Insightfulness 尺度得点の相関

Insightfulness 下位尺度				
1.複雑性	2.焦点化	3.洞察性	4.受容	5.怒り敵意
.41*	-.32†	.34†	.14	-.30

Insightfulness 下位尺度				
6.心配	7.分離	8.開放性	9.豊かさ	10.一貫性
.27	-.27	.02	.37*	.30

* $p < .05$　† $p < .10$

MMの高さと負の相関関係にあることが明らかとなった。「焦点化」得点の低さの特徴は，話の焦点が母親自身の心配ごとや不安，あるいは，調査対象ではない他の子ども（きょうだいなど）や家族（夫など）の話題へと移行していき，話者である母親自身がそのことを十分に認識していないという点にある。本調査で「焦点化」得点が低いと評価された語りの多くは，子どもの行動の動機を探るよりも，子どもに対して母親自身が感じた困惑や不安，反省を語ることが中心となってしまうというパターンであった。子どもの感情や思考を考えようとしながら，同時に子どもに対する自分自身の感情と思考が強く喚起され，結果的に子どもの内面を理解することへの集中が低下してしまうようであった。「焦点化」の高さは，PIタイプの特徴として重要であり，MM得点は「焦点化」と負の相関にあったことが，MM得点の高さが必ずしも後のPIを予測するわけではないことの一因になっているのではないかと考えられる。

　MMと関連が見られなかったものに「開放性」得点があった。これは，ビデオ呈示された子どもの様子を深く理解しようとする姿勢で，母親が有している子どもへの既存知識を利用するのみならず，子どもが示す行動から新たに，子どもの動機や特徴を学ぼうとする態度である。Piagetのいうところの「同化」と「調節」の双方が「開放性」尺度の鍵となる。一方，MM概念では，仮に乳児の側に明確な意図や欲求という心的世界が確立していなくとも，養育者側が（ある意味で「一方的に」）乳児の言動に心の存在を絡めてしまうという点に特徴がある。こうした差異が，今回両者に関連が見られなかったことの背景にあるのではないだろうか。

　「受容」や「分離」といった子どもの心的世界に対する母親の思考の内容的な特徴について，MMとの関連は認められなかった。MM測定は幼い乳児の，幼児と比較するとかなり限定されたレパートリーしか持たない行動を，母親が自由に解釈するものであった。一方，幼児に対するIAでの「受容」とは，時に母親の予想や願望とは異なる多様な子どもの行動を，子ども自身の意図を汲みながら理解し受け止めることが必要であり，この点が大きく異なっている。また，「分離」得点も同様に，母親自身の心的世界と，子どものそれとを別のものとして分離する姿勢を問うものである。乳児に対する心的帰属には，母親自身の感情や思考が反映していたのかもしれない。一方，幼児の心の読み取りでは，

母親が自分とは異なることもある子ども独自の視点に立つことが必要となる。MM 得点がこうした「分離」や「受容」得点と独立していることを示唆する本結果は，乳児と幼児の心に対する母親の読み取りの性質の違いを示唆するものだと考えられる。そして，乳児に対する高い MM を持つことは，必ずしも後の幼児に対する，子どもの独自性を尊重した受容的視点とは関連しないということが示されたと言えよう。

(b) MM の質的グループとの関連

Insightfulness の下位尺度と MM 質的グループの関連を分析した結果，「心配」の得点に群間差が認められた（$F(2, 28) = 3.32, p < .05$）。感情・欲求帰属群の母親は思考認知帰属群よりも（$p < .05$），また，全般的帰属群よりも（$p < .10$）子どもへの心配を多く語ることが見出された（Figure 5-3-2）。

乳児が様々な感情や欲求を持つと考えやすい母親は，幼児期に至った子どもに対して，母親が感じている心配という情緒的な語りを多く示すことが示唆された。今回の研究対象となった母親が IA インタビュー中に示した「心配」は，いずれも日常的な文脈におけるものであり，内容として緊急性が高いものではなかった。ただし，乳児の喜怒哀楽といった状態や，何かをして欲しいという欲求をより敏感に乳児へと読み込んだ母親は，幼児期に至った子どもの感情や欲求にもある種の敏感性を持ち，それに対する母親自身の感情を絡めた語りになりやすかったのではないかと考えられた。例えば，生後 6 ヵ月時の MM 測定において感情・欲求帰属群に分類されたある母親は，4 年後の Insight-

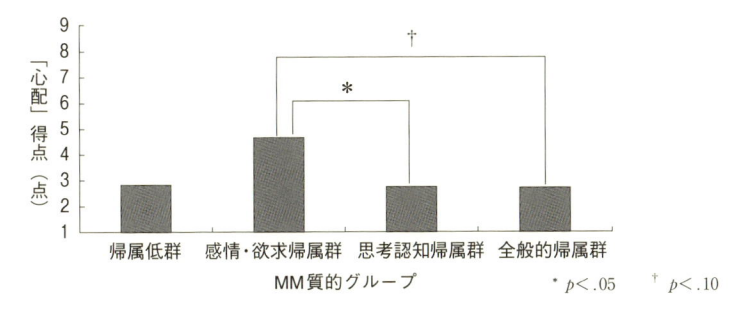

Figure 5-3-2　MM の質的グループ別の Insightfulness「心配」得点

fulness インタビューにおいて，家庭で母親が子ども以外の人（父親や訪問客など）と話していると子どもが「すぐに怒る」というエピソードを話している。そして「これはもう，どうしようかなぁ，と」「お友達との集団生活は大丈夫かなぁと思います」「私が過保護過ぎるので。（子どもは）すぐに怒ります」と言葉を続け，その後，心配がテーマとなる語りが続く。子どもの感情状態や欲求内容にふれるだけではく，それに対する母親の懸念や内省へと視点が移り，子どもの乳児期に測定された MM の特徴が，そのままの形ではないものの，幼児に対する見方の一部として持続しているのではないかと考えられた。

２．変化か，もともとの差異か

　子どもの生後６ヵ月に測定された母親の乳児に対する MM 得点の高さは，子どもが幼児期に至っても，子どもの内的な世界を様々な角度から多面的に理解しようとし，豊富な情報とともに語るという点で連続していることが明らかとなった。4 年間という時間を経てもこうした連続性が見られたことは，子どもが育つ社会的環境の一貫性という点で注目されよう。

　しかし一方で，MM 得点と 4 年後の Insightfulness「焦点化」得点との負の相関関係も示された。また，幼児に対する母親の「開放性」「受容」「分離」といった特徴と MM 得点は関連を持たなかった。乳児に対する母親側からの心的帰属，およびその量的豊富さに着目して測定された MM は，後の，受容的で子どもの視点から新たに情報を得ようとするような子どもの心の理解の仕方を予測するものではないことが明らかとなった。

　乳児への心的帰属傾向（MM 得点）は，その後，幼児期に至った子どもの心に目を向け，豊富で多面的なとらえ方をしようとする母親の特徴には連続するが，一方で，幼児に対する適切で温かさを伴った Positive Insightfulness に対する十分な先行因ではないことが示唆された。

　なお，本章では子どもの乳児期と幼児期において MM と Insightfulness という異なる特徴を測定した。特に MM の量的豊富さと Positive Insightfulness （PI）は，2 時点において母親内で関連しないことを見出した。では，子どもの乳児期からすでに，母親個人内では，想像も含めて子どもを心的行為者であるとみなす傾向（MM）と，受容的態度や開放的に子どもを見る特徴（PI）が独

立して存在していたのだろうか。それとも，乳児に対してはまず MM を持ち，その後，その一部の母親の中に幼児に対する Positive Insightfulness（PI）の姿勢が認められるようになるのだろうか。今後，乳児の心に対する母親の見方として，心的帰属の豊富さ（MM）と適切さを含めた読み取り（PI）の両方を同時に測定し，乳児期における両者の重なりと相違を検討することが必要である。そのうえで，乳児への MM と PI が，子どもの成長に伴い幼児の心に対する見方へとどのようにつながっていくのかを問うことが課題である。

　今後，養育者が示す乳児への MM と Insightfulness を測定して比較を行うとすると，同時に，それぞれが子どもへの養育行動に持つ影響の比較も興味深いテーマとなる。例えば 4 歳児の母親が子どものことを（身体的，行動的特徴よりも）心的な特徴について説明するという特徴（MM interview; Meins et al., 1998）は，同時期に観察された母子やりとりにおける，母親の子どもに対する敵意の低さと関連するといった報告がある（Lok & McMahon, 2006）。また，自閉症幼児の母親についての研究から，母親の Insightfulness（PI タイプ）は，子どもへの敏感性が高く適切な関わり方と関連することが示されている（Dolev, Oppenheim, Koren-Karie, & Yirmiya, 2009; Oppenheim, Koren-Karie, Dolev, & Yirmiya, 2008）。本書では，乳児期の MM が，母親による子どもの心的世界に対する言及頻度の多さと関連することを見出してきたが（第 2・3・4 章参照），乳児に対する MM と Insightfulness が子どもへの具体的なやりとりに及ぼす影響が同じものなのか，それぞれに特異な影響を持つのかを問う必要がある。特に，乳児に何をするかという行動のみならず，養育の質である関わりの適切さや敏感さへの影響の比較が注目されるだろう。

第 4 節　母親が示す幼児の心の見方と幼児の発達

1．子どもの誤信念理解との関連

　ここまで，母親自身が持つ特徴の縦断比較を行ってきたが，最後に，幼児期に測定された母親の Insightfulness という特徴が，同じ幼児期に子どもが示す心の理解能力の発達に促進的関係を持つのかを検討しておくこととしたい。

　第 4 章では，乳児期に測定された母親の MM と，子どもが 4 歳時点で示す誤

信念理解との特異な関連を示した。高い MM でも低い MM でもなく，MM の高さとしては中位群に属する母親の子どもが最も成績が優れるという結果であった。子どもの誤信念理解の発達が，乳児期に測定された母親の高い MM によって説明されるわけではないことについて，背景を探る必要があると考えられる。そこで，幼児期に至った子どもの心に対する適切な読み取りという特徴が，同時期に測定された子どもの誤信念理解と関連しているのではないか，という可能性について検討を行った。

第4章において，48ヵ月時に子どもへの実験によって，誤信念課題の成績を測定した。母親の Insightfulness における PI と Os および De の3タイプと，子どもの誤信念課題の成績（通過/非通過）の関連を，Figure 5-4-1 にまとめた。

母親の特徴と子どもの成績について独立性の検定の結果，両者の間に有意な関連は認められなかった（$\chi^2 = 1.14$, ns）。母親の子どもの心的経験に対する肯定的で歪みのない見方（PI）は，同時期における子どもの高い誤信念理解と関連するのではないかと予想されたが，そうした関係は確認されなかった。

次に，Insightfulness の下位尺度得点と，子どもの誤信念通過の関連を分析した。t 検定により，誤信念課題に通過した子どもと非通過であった子どもについて，母親の Insightfulness の各得点に差があるのかを分析した。しかし，有意な差は認められなかった。これより，生後48ヵ月時点における子どもの誤信念理解と，母親の Insightfulness は関連していないことが示された。

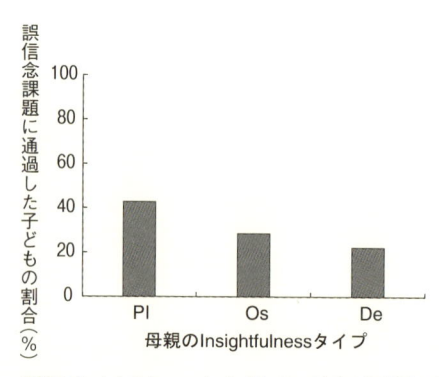

Figure 5-4-1　母親の Insightfulness タイプと48ヵ月時の子どもの誤信念課題通過率

2. 考　察

　以上の分析から，母親が幼児期の子どもの心的世界について適切で受容的なやり方で目を向けることが，幼児の心の理解能力を促進するのではないかという可能性は支持されなかった。本章ならびに第 4 章で実施した検討から，過去に測定された母親の MM の単純な高さ，また，同時期に測定された肯定的な Insightfulness は，子どもの誤信念理解の発達を説明するものではないことが示された。

　子どもの心の理解発達への影響について，先行研究からは乳児期の適切な MM（Meins et al., 2002）や乳児への PI（Oppenheim et al., 2005）が，4 年後の子どもの誤信念課題の成績を予測することが報告されている。一方，本書においては，生後 6 ヵ月時に測定された母親の MM の中程度の高さが子どもの誤信念理解の成績と関連を持っていたという結果を考慮すると，やはり，子どものメンタライジング能力には，発達早期からの長期的な影響が寄与しているのではないかと考えられる。先述のように，発達早期に母親の豊富な MM と適切な Insightfulness を同時に測定しておくこと，また，それぞれが子どもへの関わり方に及ぼす影響を精査していくことによって，子どもの誤信念理解を促すような長期的な影響のプロセスを明らかにすることが大きな課題である。

第 6 章

生後 5 年間の縦断研究から

第1節　縦断研究から得られた結果のまとめ

　本書の目的は，母親が乳児の心につい目を向けてしまう傾向に着目し，こうした親の振る舞いが，子どもの発達にとってどのような意味を持つのかを検討することであった。幼い乳児の感情や思考といった心の世界を，半ば想像的に紡ぎ出すという「親の心」が，やがて実際に，豊かで複雑な感情，思考，欲求を持ち，他者とそれを交わすようになる「子どもの心」の発達を支え促すのではないかという仮説モデルについて，長期縦断調査の実施による検討を行った。

　この最終章では，生後6ヵ月から48ヵ月までの間，計6回の調査を実施した縦断研究によって得られた結果の総括を行い，実際の調査から見えてきた子どもの発達プロセスと養育環境からの影響について考察を行う。

1．本書で検討した問い

　本書に記した研究が取り組んだ問いは，大きく以下の3点であった。

　第1に，母親が乳児を「心を持った1人の人間」として扱う傾向を実際に測定し，母親間の個人差の存在を描き出すことに取り組んだ。Meins (1997) はこうした養育者の傾向を Mind-Mindedness (MM) と呼ぶ。本書では MM を「乳児を意図や欲求，感情といった心を持った存在であるとみなし，その内的状態を豊かに想定すること」と定義した。豊富な MM を測定する方法を案出し，母親の特徴をとらえ，個人差の存在を問うことを課題とした。

　第2に，母親の豊富な MM が，子どもに対する実際の養育行動にどう影響するのかを明らかにすることを課題とした。乳児の姿を見ると，その心の世界を想定してしまう MM という認知的傾向が，子ども側に発達していく心の理解を促すような養育行動の実践を促すと予測し，母子相互作用の観察によってこれを検討した。

　第3に，乳児期に測定された母親の MM が，発達早期から徐々に子ども側に認められる心の理解能力の発達を促進すると予測し，縦断的に実験を行うことでこれを検証した。特にこれまで，子どもの乳児期に見られた母親の特徴が，後の幼児期における子どもの心の理論獲得を予測するという報告はあるが，乳

児期と幼児期の間をつなぐ検討はなされてこなかった。そこで乳児期から進む子どもの発達と母親のMMとがどのように関連しているのかを問うことを課題とした。

　本章では，以上の3つの研究課題について，得られた結果を総括する。さらにここまで各章では調査時期毎の結果を示してきたが，母親のMMが子どもへの養育行動を介して，子どもの発達へと長期的に影響を与えるのではないかというプロセス全体についての検討を加える。また，調査時期毎の結果を比較し，母親のMMが持つ機能と，限界について考察を行う。

2．母親が示す「乳児の心に目を向ける傾向」と個人差
(1) 豊富なMMへの着目

　本書ではまず，母親が乳児にふれた際に，乳児に対して豊かな心の世界の存在を想定してしまうという特徴の測定に取り組んだ。子どもを心を持った存在として扱う傾向をMMと名付けたMeinsも，乳児の母親のMM測定を行っている（Meins et al., 2001）。その測定で指標となったのは，文脈に照らして適切な形で，乳児の内的状態に言及する，という母子相互作用場面中の母親の発話行動であった。しかし本書は，乳児の心に適切に言及することの背景として，そもそも乳児を心を持つ存在だとみなすのか，という母親のスタンス自体を検討する必要があると考えた。そこで，先行研究が測定したものを「適切なMM」とし，本書では新たに，乳児に心の存在を想定するという姿勢自体をどれほど豊かに持つのかという「豊富なMM」の測定に取り組んだ。同じMM概念に着目しつつ，本書では先行研究とは異なる「豊富なMM」の実態と，子どもへの影響について検討を行った。

(2) 豊富なMMの測定実験から

　母親が乳児に対して持つ豊富なMMを測定するために，本書では独自の測定方法を用いた（第2章）。乳児が母親に与える影響を統制すること，さらには共通刺激への反応を母親間で比較することで，MMの個人差を検討することが可能になると考え，共通の乳児ビデオ刺激を用いたMM測定実験を実施した。

　測定では，母親自身の子どもではない乳児を撮影したビデオ刺激を母親に呈

示し，ビデオに登場する乳児が何らかの意図や感情，思考を持っていると思うかを質問する，という手続きを取った。

生後6ヵ月児の母親38名へのMM測定実験の結果からは，多くの母親が確かに，乳児の動作や視線に対して様々な内的状態を読みこむ様子が認められた。ただし，全く同一の乳児刺激を呈示したにも関わらず，母親間に乳児の内的状態に言及する回数（MM得点）の差異があることが見出された（第2章）。

さらに，乳児に読み込む内的状態の具体的な内容にも，母親の特徴が認められた。感情や欲求を読み込みやすい「感情・欲求帰属群」，思考認知状態について多く言及する「思考認知帰属群」，内容に偏りなく多様な内容を読みこむ「全般的帰属群」というMMの内容面に特徴を持つグループ（MM質的グループ）の存在が見出された。乳児の心は，それを見る者によって実に様々に解釈されていることが，この測定結果からも確認できるだろう。そして，多くの母親がこの実験場面で速やかに，乳児の心の状態を言語化した。母親たちは乳児に対して心の存在を読み込む姿勢を持つことが，こうした様子にも現れていると考えられる。

(3) MMの個人差はどこから？

MMの測定実験から，MM得点やMMの質的グループに母親間で差が見られた。そこで，この個人差はどのような要因によって形作られているのかを探る質問紙調査を行った。母親が現在過ごしている家庭内で，日頃，肯定的な情動状態を表現する雰囲気があることや，乳児に対して，未熟ではなく創造的な存在であるといったイメージを強く持っている母親は，MM得点が高いことが明らかとなった（第2章）。

なお，MMという乳児に対する心的帰属傾向と，母親が成人一般に対して持つ共感性，無生物や動物に対するアニミズム傾向などとは関連が認められないという結果が注目された。乳児に対する心の帰属のしやすさは，成人や動物といった他の対象に向けられる心の帰属や読み取りとは一線を画すものであり，「乳児」という対象が特異な意味を持つことが示唆された。

3. MM を持つ母親はどのような養育行動をしていたのか

本書では，母親が乳児を心を持った存在であるとみなす傾向を，実験で測定した。この測定方法により，心的帰属の行いやすさという母親の認知的特性が，現実の子どもとの相互作用場面で，どのような養育行動に影響を持つのかを検討することが可能になったと考える。本書第 2 の目的は，母親の豊富な MM は，子どもが心の世界を理解することを促進するような養育行動の実践に関連しているのではないか，という仮説の検証であった。

生後 6 ヵ月時に MM を測定した母親とその子ども38組を対象に，その後48ヵ月時点までの長期縦断調査を実施した。毎年 1 回の母子相互作用の観察を行い，母親の MM と養育行動の関連を縦断的に検討した結果を第 2 章から第 4 章に記した。ここでは，その結果をまとめる。

(1) MM の質的特徴と養育行動の関連

MM 測定実験において，乳児にどのような内容の内的状態を帰属しやすいかには，母親によって特徴があった。この MM の質的な（内容面の）特徴は，我が子への行動への違いにも現れるのかを分析した。すると，乳児刺激に感情や欲求を帰属しやすかった母親には，生後 6 ヵ月（MM 測定実験と同時期）の母子遊びの際，子どもの視線を追従して子どもが注意を向けている対象を共有する行動が多く観察された。一方，乳児刺激に思考や認知状態を帰属しやすかった母親は，子どもと関わる際，子どもの注意の方向を転換させる関わりが多かった。乳児にどのような心の状態を想定しやすいのかという MM の質的特徴によって，我が子との注意の共有スタイルに違いがあるという興味深い結果が見出されたわけである。大人との注意の共有経験は，子どもの共同注意行動の発達や，語彙獲得などにも密接に関わっている（Bruner, 1983; Werner & Kaplan, 1963）。母親が持つ MM の質的な違いが乳児の視線への反応の仕方と関係しているという知見は，MM による後の子どもの発達への関連を予期させるものである。

ただし，MM の質的特徴による養育行動への影響は生後 6 ヵ月のみに認められた。そして，長期縦断研究の結果としては，子どもが経験する社会的相互作用の特徴を彩るものとして，MM の量的特徴の方がより重要であると考えられ

た。

そこで次に，MM の量的豊富さに関する結果をまとめる。

(2) MM の量的豊富さと養育行動の関連

第 2 章〜第 4 章における縦断観察の結果を Figure 6-1-1 にまとめた。実験で測定された MM 得点と，実際の母子相互作用場面で観察された母親の非言語的および言語的な養育行動には，複数の時点で有意な関連性があることが確認された。

まず，高い MM 得点を持つ母親は，生後 6 ヵ月時点において，子どもの視線を追従し，子どもが注意を向けている対象を共有することが多かった。さらに，子どもと同じ対象に注意を向けて関心を共有する 3 項やりとりを多く実践して

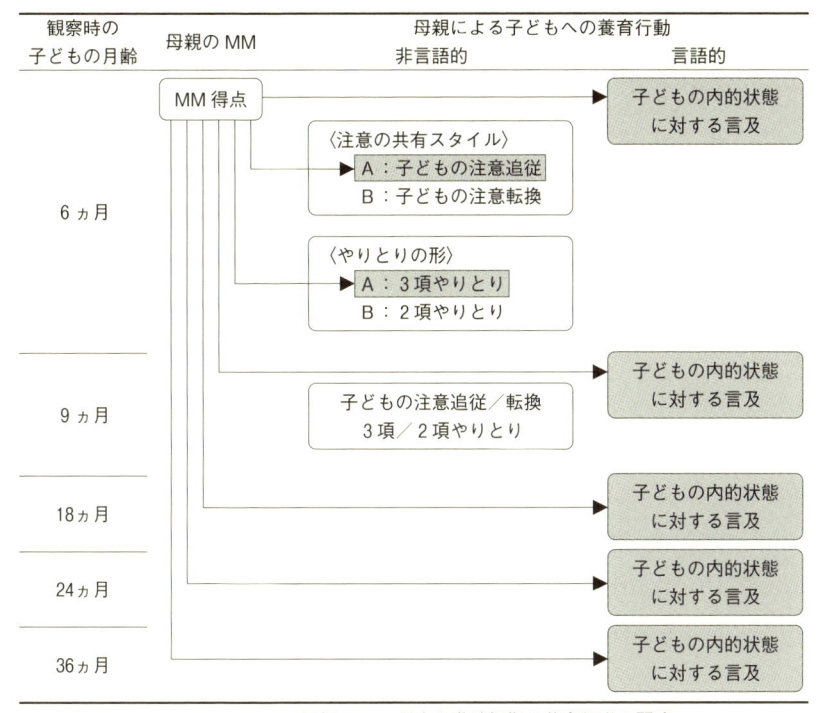

観察時の子どもの月齢	母親の MM	母親による子どもへの養育行動	
		非言語的	言語的
6 ヵ月	MM 得点	〈注意の共有スタイル〉 **A：子どもの注意追従** B：子どもの注意転換 〈やりとりの形〉 **A：3 項やりとり** B：2 項やりとり	**子どもの内的状態に対する言及**
9 ヵ月		子どもの注意追従／転換 3 項／2 項やりとり	**子どもの内的状態に対する言及**
18 ヵ月			**子どもの内的状態に対する言及**
24 ヵ月			**子どもの内的状態に対する言及**
36 ヵ月			**子どもの内的状態に対する言及**

Figure 6-1-1　母親の MM 得点と乳幼児期の養育行動の関連

注：養育行動について，網掛け表記のゴシック体で示したものは MM 得点と正の相関関係が認められた指標である。それ以外は，MM 得点との関連がみられなかった指標である。

いることも見出された。子ども側に他者と注意を共有する能力が十分に発達する前から，高い MM 得点を持つ母親は，子どもと注意を共有しながらやりとりをしていることが示された。

ただし，注意共有という養育行動は，MM 得点の測定と同時期においてのみ，関連していた。乳児の移動運動能力，あるいは，乳児の側にも意図的に母親へと注意を向ける行動が発達すると，母親が MM という特徴によってある意味では一方的に子どもの注意方向を操作することが，希薄になったのではないだろうか。母子やりとり場面における母親の行動は，子ども側からも多分に影響を受ける。母親の個人的特徴の母子やりとりへの反映は，子どもの成長に伴って変化していくと考えられた。

一方，母親の発話に着目した分析結果から，母親が子どもの内的状態に言及するという言語的関わりは，MM 得点の高さと長期的に関連することが見出された。MM 得点が測定された生後 6 ヵ月時から，その後36ヵ月時まで一貫して，高い MM 得点を持つ母親は，母子やりとり中に，子どもの内的状態についての発話を多く行っていた。子どもの側に刻々と進む発達的変化を考慮してもなお，こうした長期的な関連が認められたことは注目に値すると思われる。

親子の相互作用場面で母親が心的語彙を用いることは，子どもの感情理解（Taumoepeau & Ruffman, 2006; Laible, 2004）や誤信念理解（Ruffman, Slade, & Crowe, 2002）を促進するという報告が複数ある。母親による心的語彙の付与は，子どもの心の理解発達を引き上げる足場になっていると考えられる。しかし，そもそもなぜ，母親の心的語彙使用に個人差があるのかは，極めて限定的にしか探究されてこなかった。本研究により，母親が乳児の心に目を向けるという傾向が，発達早期から長期的に，子どもに心的語彙を提供する要因の 1 つであることが示唆された。

4．MM は子どもの心の理解の発達を促進したのか

本書では，母親の豊富な MM が，子どもの心の理解能力を発達早期から引き上げるだろうと仮定し，乳児期から幼児期における複数の発達指標との関連を検討した。特に，他者の意図や欲求，信念の理解という認知的側面の理解のみならず，感情理解の発達も検討対象に含めた（第 3 章～第 4 章）。乳児期に測定

された母親の MM と，各時期の子どもの発達との関連について，結果をまとめる。

(1) MM の質的特徴と子どもの発達

　母親の MM 質的グループ(乳児に帰属しやすい内的状態の内容面の特徴)は，生後9ヵ月時に子どもが示す指差し理解能力に関連していた。乳児刺激に感情や欲求を帰属しやすい母親の子どもは，実験者が示す指差しの方向を正しく追視する行動の発達が最も低かったのである。この「感情・欲求帰属群」という MM 質的グループの母親は，生後6ヵ月時に子どもと注意を共有するスタイルに特徴があった（注意追従型関わりの多さ）。母子やりとりの特徴的なパターンを介して，MM が子どもの指差し理解能力に影響をしていたのではないかと考えられた。ただし，MM の質的特徴と子どもの発達との関連が認められたのは，この生後9ヵ月時点のみであった。

(2) MM の量的豊富さと子どもの発達

　母親の MM 得点と各時期の子どもの発達的帰結との関連について，縦断調査の結果を Figure 6-1-2 にまとめた。今回測定を試みた子どもの発達指標の複数に，母親の MM 得点との関連が認められたことが分かる。ただし，その関連のパターンには2つの形があった。1つ目は仮説として掲げた，母親の高い MM 得点が子どもの発達を促すことを支持する線形の関連である。もう1つは，MM 得点によって母親を高・中・低の3群に分類した時，MM 得点の中位群の母親の子どもの成績が，高群の母親の子どもよりも優れるという関連パターンを示唆するものであった。

(a) MM 得点の高さと関連する子どもの発達

　MM 得点が高い母親の子どもほど発達が促進されるという仮説を支持するものとして，最も早期に確認されたのは，指差し理解能力の結果であった。他者の指差し理解を問う実験は生後9ヵ月時にも実施したが，MM 得点との関連が示されたのは，18ヵ月時点における，乳児の後方に向けられた実験者の指差しを理解する能力についてであった。同じく生後18ヵ月時点では，母親に，子

//

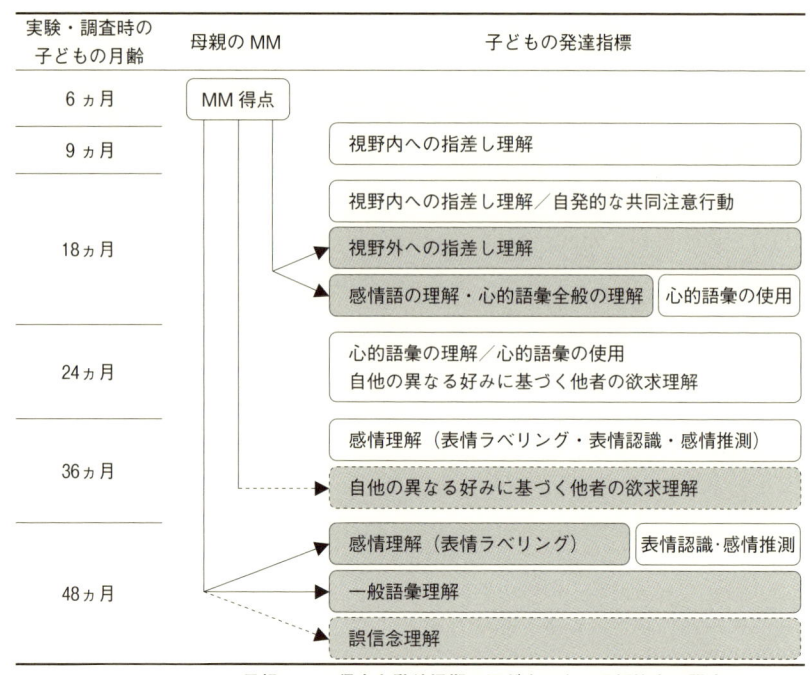

実験・調査時の子どもの月齢	母親の MM	子どもの発達指標
6ヵ月	MM 得点	
9ヵ月		視野内への指差し理解
18ヵ月		視野内への指差し理解／自発的な共同注意行動 / **視野外への指差し理解** / **感情語の理解・心的語彙全般の理解** ／ 心的語彙の使用
24ヵ月		心的語彙の理解／心的語彙の使用／自他の異なる好みに基づく他者の欲求理解
36ヵ月		感情理解（表情ラベリング・表情認識・感情推測）／自他の異なる好みに基づく他者の欲求理解
48ヵ月		**感情理解（表情ラベリング）** ／表情認識・感情推測／一般語彙理解／誤信念理解

Figure 6-1-2　母親の MM 得点と乳幼児期の子どもの心の理解能力の関連

注：1. 子どもの心の理解能力について，母親の MM 得点と関連が認められたものは網掛け表記のゴシック体で示した。それ以外は，測定を行ったが MM 得点との関連が見られなかった指標である。
　　2. MM 得点と子どもの発達指標の関連を示す矢印について，実線は MM 得点との相関関係を示し，波線は MM 得点の高・中・低群のうち，中位群が最も成績が優れるという関係を示す。

どもがどれくらい感情や欲求といった心の状態を表す語彙を理解したり使用したりしているのかを質問した。高い MM 得点を持つ母親の子どもほど，こうした心的語彙の理解力が優れていることが支持され，豊富な MM による子どもの発達への促進的影響を示唆する結果が得られた。

　生後24ヵ月時と36ヵ月時に測定された子どもの心の理解能力の発達指標には，母親の MM 得点との関連は認められなかった。しかしその後，48ヵ月時点での感情理解能力に MM 得点との相関関係が見出された。顔表情へのラベリングを求める課題では，顔表情図版に対して，子ども自身が「うれしい」「怒っている」などの感情語を用いて命名することを求めた。MM 得点の高い母親の子どもは，この課題の成績が優れていた。

　先行研究（Meins et al., 2002）では，母親の MM による幼児の心の理論獲得

の予測のみが検討されてきた。本書の検討から，高い MM 得点を持つ母親の子どもは，先行研究で問われてきたよりも早い時期から指差し理解に優れ，また，誤信念という心の認知的側面とは別に，感情的側面への理解も優れているということが見出された。さらに，高い MM 得点を持つ母親の子どもは，48ヵ月時点で様々な一般語彙を理解する能力も高かった。母親の豊富な MM は，子どもの発達をより多面的に促進していることを示唆する知見を得たと言えるだろう。

(b) MM 得点の単純な高さとは関連しない子どもの発達

幼児期の分析から，36ヵ月時に子どもが示す，自他の異なる好みに基づく他者の欲求理解と，48ヵ月時における誤信念理解の双方において，母親の MM 得点との単純な相関関係は認められなかった。欲求理解と誤信念理解は発達的に連続性を持つことが示唆されているが（Wellman & Liu, 2001），その両方において，母親の MM 得点が高ければ子どもの理解度が進んでいるという関係が確認されなかった。Meins らが着目した乳児の心に対する適切な MM は，子どもの後の誤信念理解を予測することが報告されている（Meins et al., 2002; 2003）。一方，本研究で測定した豊富な MM については子どもの信念理解の発達を予測するだろうという仮説が支持されなかった。

ただし，MM 得点を高・中・低の3群に分類して分析を行ったところ，子どもの信念や欲求理解の発達について，MM の高い群や低い群ではなく，MM の中位群に位置する母親の子どもの成績が優れており，一方，高い MM 得点のグループの子どもの成績が低いことが見出された。36ヵ月時と48ヵ月時の2時点において，共通する結果が得られた意味は大きいと考えられる。MM の単純な高さが子どもの発達を促進するというよりも，高すぎるのではない中程度の MM 得点が，子どもへの促進的機能を持つ可能性を示唆する新たな知見を得る結果となった。

5. MM による子どもの発達への影響プロセス

縦断研究の結果から，母親が示す豊富な MM（MM 得点）が，子どもの各発達段階における養育行動（Figure 6-1-1 参照），ならびに，子どもの心の理解

能力（Figure 6-1-2参照）と複数の関連を持つことが確認された。総合考察にあたり，母親の特徴が子どもの発達に影響するプロセスについて，議論を加えたい。ここではまず，母親のMM得点の高さが促進すると考えられた子どもの発達指標に着目し，MMが子どもへの養育行動（心的語彙の付与や注意の共有）を介して，子どもの発達を促進するというプロセスを想定した解釈が妥当であるのかを考える。そこで，縦断研究の対象となった母子の数は少ないのだが，影響プロセスに関して構造方程式モデルを用いた検討を行ってみたい。

なお，母親のMM得点と関連が認められた子どもの発達のうち，18ヵ月時に測定された視野外への指差し理解能力の得点には，分布の偏りが認められた。そこで，これ以外の子どもの発達指標（生後18ヵ月時の感情語理解と心的語彙全般の理解得点，生後48ヵ月時の感情理解である表情ラベリング得点と一般語彙理解を示す語彙月齢）について，以下，母親のMMによる影響過程の分析を実施する。

(1) **生後18ヵ月時の発達に対する影響プロセス**

まず，生後18ヵ月時の調査（第3章）に関して，母親のMM得点が子どもへの養育行動を介して，子どもが心を表す言葉，特に感情語を理解するという発達を促進しているのか検討した。

媒介変数には，母親のMM得点との相関関係が認められた非言語的養育行動として，生後6ヵ月時に観察された母親による乳児の注意を追従する関わり，3項やりとりの実践の測定結果を用いた（第2章参照）。さらに媒介変数として，母親の言語的養育行動である，子どもの内的状態への言及頻度も用いた。母親のこの指標については，生後18ヵ月時点までに生後6，9，18ヵ月の3時点でデータが得られている。母親から子どもへの影響プロセスの検討にあたり，3時点における母親の発話の情報を縮約する目的から，主成分分析を行った。その結果，第1主成分による寄与率が80％を超えていた。このため第1主成分の主成分得点を算出し，これを「乳児期全般における子どもの内的状態への言及得点」として分析に用いることとした。

母親のMM得点による18ヵ月時点での子どもへの影響プロセスモデルとして，Figure 6-1-3の仮説モデルを設けた。モデルでは，母親のMM得点が，

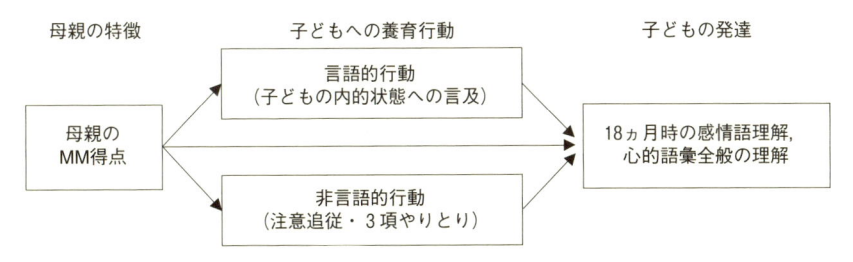

第 1 節　縦断研究から得られた結果のまとめ

Figure 6-1-3　母親の MM による，養育行動を介した18ヵ月時の発達への影響プロセスモデル

　非言語的養育行動 2 種と，言語的養育行動のそれぞれを介して，子どもの感情語理解，心的語彙全般の理解に影響すると仮定した。これに加えて，MM が直接に子どもの発達に寄与するパスも含めた。

　仮説モデルの分析の結果，モデルの適合度は低く，ワルド検定に基づくモデル修正を行った。母親の MM から子どもの発達への直接のパスは有意ではなかった。また，生後 6 ヵ月時点で観察された母親による乳児の視線の追従行動から，子どもの発達へと仮定したパスも有意ではなかった。これらをモデルから削除した後，残るパスについても修正を行い，Figure 6-1-4 のモデルを採用した[23]（$\chi^2(7) = 6.592, p = .473$, NFI $= .952$, CFI $= 1.000$, RAMSEA $= .000$）。

*** $p < .001$　** $p < .01$　* $p < .05$　† $p < .10$

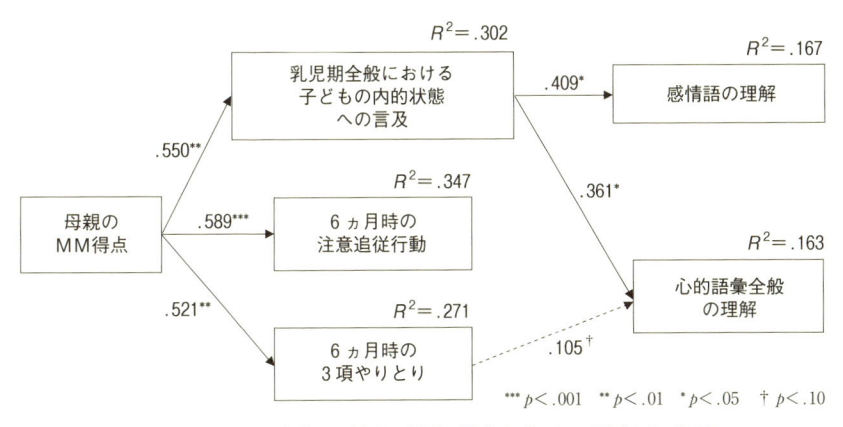

Figure 6-1-4　生後18ヵ月時の発達に関するプロセスモデルのパス図

---

[23] モデルの採用には NFI, CFI の値が高く，RAMSEA の値が最小となるものを基準とした。

母親のMM得点は，生後6～18ヵ月時における，子どもの内的状態への豊富な言及を介して，子どもが18ヵ月時に示す感情語の理解能力，感情以外も含めた心の状態を表す語彙全体に対する理解能力に寄与していることが示唆された。

(2) 生後48ヵ月時の発達に対する影響プロセス

次に，生後48ヵ月時の調査（第4章）より，母親のMM得点との相関関係が認められた，顔表情へのラベリング能力，一般語彙の理解能力について，MMによる影響プロセスを検討した。生後18ヵ月時に関する上記の分析と同様に，母親のMM得点が，子どもへの養育行動（心的語彙の付与，乳児の注意追従行動，3項やりとりの多さ）を介して，生後48ヵ月時の発達に促進的影響を持つのかを分析した。

媒介変数に用いた母親の非言語的養育行動は，先の18ヵ月時の分析と同様に生後6ヵ月時に観察された母親による乳児の視線を追従する関わり，3項やりとりの測定結果である。母親の言語的養育行動として，子どもの内的状態への言及頻度を媒介変数に用いた。母親の発話について，生後6，9，18，24，36ヵ月の5時点におけるデータが得られている。5時点における母親の発話の情報を縮約するために主成分分析を行った。固有値1以上の2つの主成分が抽出され，この2つによる累積寄与率は66.88％であった。第1主成分は全ての観察時期における，子どもの内的状態への言及頻度に対して重みを示していた。一方，第2主成分は生後6ヵ月時と9ヵ月時に観察された内的状態への言及頻度にマイナスの重みを示し，生後24ヵ月時と36ヵ月時にプラスの重みを示していた。このため，第1主成分は「乳幼児期全般における，子どもの内的状態への言及」を示すと考えた。これに対し，第2主成分は「幼児期の子どもの内的状態への言及」を示すと考えられた。第1，第2主成分の主成分得点を算出して以下の分析に用いた。

母親のMMによる子どもへの影響プロセスモデルとして，Figure 6-1-5の仮説モデルを設けた。モデルには，母親のMM得点が養育行動を介して子どもの発達に影響するパスと，MM得点が直接に子どもの発達に寄与するパスも含めた。

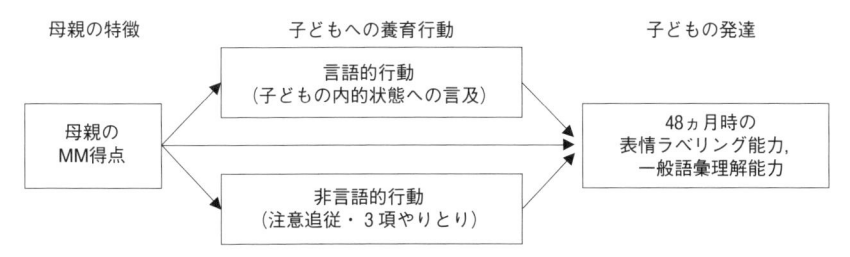

Figure 6-1-5　母親の MM による養育行動を介した48ヵ月時の発達への影響プロセスモデル

仮説モデルの分析の結果，モデルの適合度は低く，ワルド検定に基づくモデル修正を行った。幼児期のみにおける，母親が子どもの内的状態に言及する発話の指標について，母親の MM 得点からのパスも，子どもの発達へのパスも有意でないことが示された。モデルの修正にあたり，この変数を除去した。残る変数に関するパスについても修正を行い，Figure 6-1-6 のモデルを最終的に採用した（χ^2 (8) =7.250, p = .510, NFI = .913, CFI = 1.000, RAMSEA = .000)。

48ヵ月時の表情のラベリング能力には，母親の MM 得点が，乳幼児期全体を通して子どもの内的状態に言及するという養育行動を介して影響を持つことが示唆された。一方，MM 得点は，生後6ヵ月時に子どもの注意を追従する関わりを通して，子どもの一般語彙能力に寄与することが示された。

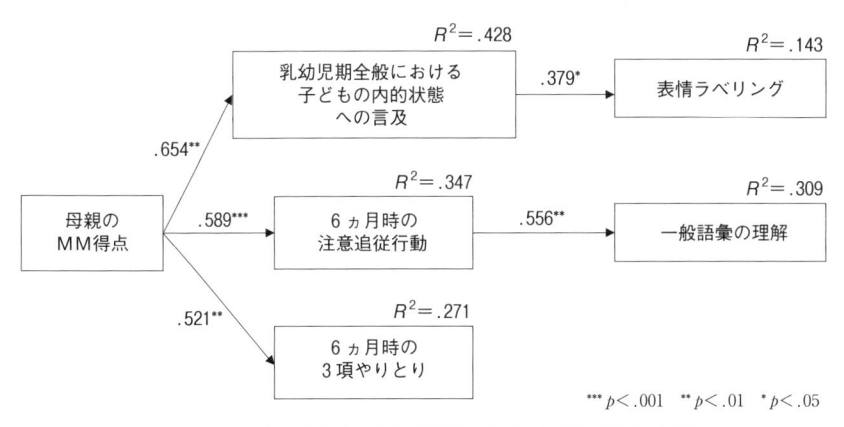

Figure 6-1-6　生後48ヵ月時の発達へのプロセスモデルのパス図

(3) 影響プロセスに関する考察
(a) 母親による心的語彙の付与の重要性

　生後18ヵ月，48ヵ月の両時点についての検討から，母親の豊富な MM が，子どもの内的状態に言及するという養育行動を介して，子どもの発達に寄与していたことが示された。生後18ヵ月時における感情語の理解，心的語彙全般の理解と，生後48ヵ月時点における顔表情画への「うれしいお顔」「悲しいお顔」といったラベリング能力には，他者の心の理解に関わる言語的能力であるという共通性がある。母親が発達早期から心を絡めた会話を多く行うという環境が，こうした子どもの能力に促進的機能を持っていることが示唆された。

　特に本書では，乳児期から幼児期にかけて複数時点で母親の発話を観察してきた。このため，母親の養育行動上の特徴が子どもに及ぼす影響について，時間を絡めた検討が可能になったと考えられる。48ヵ月時のプロセス検討において，母親による子どもの内的状態への言及に2つの主成分が抽出されたことが注目される。母親の発話行動について，乳児期から幼児期に亘って全般的に心的語彙を付与するという特徴をとらえたと考えられる主成分と，幼児期のみにおいて心的語彙を付与すると解釈される主成分が抽出された。MM 得点は後者とは有意な相関関係がなく，さらに，幼児期のみにおける母親から子どもへの心的語彙の付与は，子どもの発達とも関連を持っていなかった。

　母親による子どもへの心的語彙の付与量を各観察時期で比較すると，子どもによる言語獲得が進む以前の乳児期（6, 9, 18ヵ月）の方が，幼児期（24, 36ヵ月）よりも多いという特徴が見られた。乳児期において子どもは母親から多くの心的語彙を与えられ，そうした経験によって，子ども側に心的語彙への理解が進んでいくのだと考えられる。そして，子ども自身による心的語彙の使用が始まると，母親は以前のように頻繁には，子どもの心の状態を言語化しなくなるという変化が生じているのだろう。子どもの心的語彙の発達には特に，乳児期から母親が心的語彙を付与することが，重要な足場になっていると考えられる。

　なお，母親による子どもの内的状態への言及の内容を見ると，特に生後6ヵ月時には，子どもの感情状態に対する言及がほとんどの割合を占めていた（第2章 Table 2-4-1 参照）。そして生後9〜18ヵ月では，感情状態と欲求状態に

対する言及が多かった（第3章Table 3-2-1, Table 3-2-5参照）。さらに24, 36ヵ月になると感情や欲求状態に加え思考認知状態に対する言及も認められるようになった。高いMM得点を持つ母親の子どもが生後18ヵ月時と48ヵ月時に示した，特に感情語に関する理解能力や使用能力の発達には，母親が発達早期から子どもの感情状態を言語化するという特徴が影響していたのではないかと考えられた。

(b) 母子間の注意共有と子どもの言語発達

母親のMM得点の高さは，心に関する語彙以外にも全般的に，子どもの言語発達を促進していた。高いMM得点を持つ母親は，子どもに対して心的語彙を用いた発話を多く用いるため，それに付随して用いられる一般語彙に対しても，子どもの理解能力を引き上げていたのではないかと考えられた（第4章）。ただし，母親のMM得点が子どもの一般語彙能力に影響するプロセスを直接的に検討した結果，MMが子どもへの心的語彙の付与を介して語彙発達を促進するという仮定は支持されなかった。

第4章でもふれたように，母子相互作用場面における母親の発話総量を分析する必要性が改めて示されたと考えられる。高いMM得点を持つ母親は，子どもとのやりとりにおいて，心的語彙のみならず一般語彙を多く用いていた，つまり，発話量自体が多かったという可能性が残る。全発話量の変数化，ならびに，心的語彙の使用についても全発話量に占める割合といった形で得点化することが課題として示された。

また，母親の認知能力の高さが，子どもの社会・認知的発達に影響する可能性も考えられる。母親の認知能力を直接的に扱ったものではないが，今回の調査の中で母親の学歴について情報を得ているため，母親の学歴と他の変数の関連について確認を行った。しかし，母親の学歴とMM得点，母親による子どもの内的状態への言及頻度，48ヵ月時の子どもの語彙月齢および表情ラベリング能力との関連は認められなかった。このため，単純に母親の教育歴の長さがMMや子どもの認知的発達の高さを説明するというわけではないと考えられる。

一方，母親のMM得点の高さは，6ヵ月時に子どもの視線を追従する行動の

多さを介して，後の子どもの語彙理解能力に促進的寄与を持つことが見出された。母親による子どもの視線の追従とは，子どもが見ている対象に母親自身も視線を重ね，対象への注意を共有する行動である。子どもと他者間の共同注意は，発達早期における子どもの言語獲得に重要な役割を持つことが多く指摘されてきた（Bruner, 1983; Werner & Kaplan, 1963）。特に Tomasello（1995；1999）は，新奇の語彙を獲得する場面では，語彙とそれが示す対象を正しく結び付ける必要がある点を重視し，他者との共同注意が，このマッピングを促すことを論じている。例えば母子間のやりとりにおいて子どもが語彙を獲得するには，母親が示した言語的ラベルが，子どもの周囲にある多様な事物の中の「どれ」に対するものであるのかを理解する必要がある。母親と子どもが同じ対象に注意を向けているという共同注意場面は，特定の対象物に焦点化し語彙との照合を支える役割を持つと考えられるのである。

　こうした親子間の共同注意の成立には，2つの形が考えられる。1つは，乳児が注意を向けている方向に母親が自身の注意を重ねる「追従型」であり，もう1つは，乳児の注意を母親が見ている新たな対象へと移し替える「転換型」である。そして，先行研究からは，大人が子どもの注意に追従する関わり方の方が，子どもの語彙獲得を促進することが報告されている（Akhtar, Dunham, & Dunham, 1991; Tomasello & Farrar, 1986; Tomasello & Todd, 1983）。

　本書では，生後6ヵ月時の母子自由遊び場面の観察から，母親の MM 得点と子どもへの視線追従行動との関連が確認されている（第2章）。そして，子どもの発達への影響プロセスの分析から，母親が示す子どもの視線追従による共同注意の成立が，4歳時における子どもの一般語彙理解の発達にとって重要な意味を持つことが示唆された。母子間における共同注意と子どもの語彙獲得の関連を問う先行研究において，そもそもなぜ母親が，子どもと注意を共有しようとするのかという問いは検討されてこなかった。さらに，ある母親は子どもの視線を追従し，またある母親は子どもの視線の方向を転換しようとするといった行動の差異の背景も，問われていない。本書では，母親の豊かな MM という，乳児の視線に対して乳児の興味や感情などを読み込む特徴に着目したことにより，母親が子どもと注意を共有しようとする行動や，共有スタイルの差異の背景に部分的ながら迫ることができたのではないだろうか。そして，MM という

母親の特徴が，結果的に，子どもの言語発達を支える注意の共有環境の実現に貢献していることを示唆する実証的知見を得たと考える。

なお，母親のMM得点と子どもとの注意の共有スタイルの関連について，本論では生後6ヵ月時と9ヵ月時の母子相互作用場面のみを分析対象とし，生後6ヵ月時について有意な関連を見出した。しかし，母親のMM得点の高さが母子間における注意共有を介して後の子どもの言語発達に影響していた可能性を踏まえると，子どもの語彙獲得が急速に進む18ヵ月時以降の幼児期にかけても，母親のMMと母子間の注意共有スタイルの関連を分析する必要があっただろう。豊富なMMを持つ母親は乳児期以降，子どもとどのように注意を共有してきたのか，さらには，注意を共有した状態でどれほど多くの発話（対象へのラベリング）を行ってきたのかを検討するという課題が示された。

第2節　MMは豊富であればあるほどよいのか

本書では，母親の豊富なMMにより，子どもが示す他者の心の理解能力の発達が促進されるだろうという仮説を設けた。しかし，幼児期の実験結果から，母親のMM得点の高さと子どもの欲求・信念理解の成績に予想された形での関連は認められないことが示された。データが示したのは，中程度の高さのMM得点を持つ母親グループの子どもが，最も高いMM得点を持つ母親グループの子どもよりも，欲求と信念の理解に優れているという姿であった。以下では，これらの結果について考察を行う。

1．MMの豊富さと適切さ

48ヵ月時の誤信念理解という子どもの発達的帰結について，Meinsら（2002；2003）がMMの指標とした「乳児の心に対する適切な読み取り」はそれを予測し，一方，本書で測定した「乳児への心的帰属自体の量的豊富さ」は，そうした予測力を持たなかった。

"See things from child's point of view"（子どもの視点から物事を見る）。これはかつて，子どもが安定したアタッチメントを持つことを促す養育者側の姿勢として，Ainsworthが用いた表現である。もともとアタッチメントの研究を

行っている Meins ら（2001）は，適切な MM として「母親が適切に乳児の心の状態に言及すること」を指標としたが，これは，Ainsworth が提唱した養育者の sensitivity の中核的要素を再考する試みの中での提案であった。Meins らが2001年以降に発表している MM については，母親が文脈に照らして，乳児の視点に立って，乳児の心の状態に言及するという内容の「適切さ」が重視されているのである。

　一方，本書で測定した豊富な MM は，そもそも母親は「乳児が心を持っていると思うのか否か」という特徴に着目するものであった。そのため，豊富な MM の測度には，あえて内容の適切さに関する検討を含めていない。豊富な MM が，適切な MM という要素とどれほど重複しているのか，あるいは相互に独立であるのかを，本書のデータから明らかにすることは難しい。しかし，子どもの誤信念理解に関する豊富な MM と適切な MM の結果の相違から，両者は同じものではないのだと考えられる。

　特に，豊富な MM が必ずしも内容としての適切さを備えたものではないことは，第5章で得られた結果からも示唆される。第5章では，子どもが48ヵ月時に母親を追跡調査し，幼児へと成長した子どもの心に対する Insightfulness（洞察性）を測定した。母親が乳児に対して持つ MM 得点は，幼児の心について多く語るという洞察性の「語りの豊富さ」という下位要素と相関していることが見出された。しかし，洞察性として母親自身ではなく，子どもの心的経験について焦点を定めて語るという特徴（「焦点化」）と MM 得点は負の相関傾向にあった。さらに，母親と子どもの心的経験を分離して理解する姿勢や，子どもなりの感情や思考の在り方を受容する姿と MM 得点には，関連がないことが認められた。これらより，乳児に対する豊かな心的帰属は，その後，幼児に対して子どもの視点から子どもの心の内容を理解し，さらにそれを受け入れるという洞察性の内容と重なるものではないことが示唆された。

　本書で測定した豊富な MM が子どもの心の理論獲得を促進するだろうという仮説が支持されなかった理由として，豊富な MM は，必ずしも子どもの視点に立って子どもの心に目を向けることを意味しない指標であったためではないかと考えられた。

2．豊富な MM は心の理解の「何」を促すのか

　それでは，本書が測定した豊富な MM は，子どもの発達にとってどのような機能を持っていたと考えられるだろうか。MM 得点の高さによる促進的影響が認められた子どもの発達指標と，そうでない発達指標について，課題の内容を比較しながら考察を行いたい。

　Figure 6 - 1 - 2 に示したように，母親の MM 得点は，指差し理解，心的語彙の理解，感情理解（表情ラベリング），一般語彙の理解という子どもの能力と相関関係にあった。こうした発達指標を測定する課題について，子どもは，他者が示す指差し，心的語彙，一般語彙，表情を理解することが求められた。これらは全て，他者によって表出され，顕在化された心の状態を示すものだと考えられないだろうか。

　一方，MM 得点の単純な高さとの線形の関係が認められなかった指標には，他者の欲求や信念の理解がある。欲求理解課題において，子どもは実験者がどちらの食べ物を欲しいと思うかを推測することが求められた。また誤信念課題でも，シマウマがどこにお菓子を探しに行くと思うかを状況に基づき考え，推測する必要があった。これらの課題はいずれも，未だ表出されていない，他者の内なる心の状態を正確に推測することを求めるものだと言えよう。

　こうした課題内容の特徴を考慮すると，母親の豊富な MM は，子どもが「他者によってすでに顕在化された心」を理解することに貢献していたのではないかと考えられる。高い MM 得点を示した母親は，3 項やりとりの実践や子どもに対する心的語彙の豊富な付与により，発達早期から子どもに対して心というものの存在を示し続けていた。そして，その豊富な MM は，他者の指差しや表情，心的語彙によって顕在化された心の存在の理解という子どもの発達を促していたのではないだろうか。

　しかしながら，母親の豊富な MM は，他者の心の中に何が入っているのか，まだ顕在化されていない他者の心的世界について，他者の視点から内容を正確に推測して理解する能力を高めるものではなかったのだろう。そしておそらく，ある状況下で他者の視点に立ち，その人が何を欲求し，信じ，感じているかという内容を正確に理解する能力の促進には，Meins らが着目した MM の適切性という軸が鍵になっているのではないだろうか。本書の結果と Meins

らの先行研究（2002；2003）を比較すると，母親が乳児の視点から状況をとらえ，文脈に合致した思考や感情の有り様を乳児に読み込み言語化することが，特定の状況と結び付いた内的状態の理解，およびそれに基づいた，ある文脈に置かれた他者の心の推測を可能にしていくのではないかと考えられた。

(1) 共同注意と誤信念理解の発達

なお，共同注意の発達について，他者がある対象に向けて注意，すなわち意図性を持つことの理解は，他者の心の理解の始まりであると考えられてきた（Wellman, 1990）。このため共同注意能力の発達は，他者が対象に向けて持つ意図や欲求，信念の理解，すなわち心の理論の獲得の発達的基盤になると論じられてきた（Baron-Cohen, 1995a, b など）。しかし本書で述べた縦断研究では，母親の豊富なMMは共同注意能力を促進するものの，心理論獲得は促進しないという複雑な結果を得た。

この点についても，共同注意能力の指標として用いた他者の指差し理解と，誤信念課題で問われる他者の信念の内容推測とでは，外在化された手掛かりの明瞭さが大きく異なるという背景があるのではないかと考える。そして，表出された手掛かりに基づく他者の注意の理解，特に，その注意がどこに注がれているかという場所の理解は，他者が何を思い考えているかという内容の理解の発達を支えるものとして，必要だが十分な条件とは言えないのではないだろうか。

共同注意と心の理論獲得について，20ヵ月時に子ども自身が大人に視線を向けて注意を共有しようとする行動と，4歳時の心の理論課題の成績が関連することが報告されている（Charman, Baron-Cohen, Swettenham, Baird, Cox, & Drew, 2001）。しかし，他者の指差しや視線の理解と心の理論獲得の直接的関連は，理論的な関連の示唆と比較すると，実際の姿としては十分に明らかになっていない。他者の注意の理解と誤信念理解では，課題が問う内容が異なることを考慮すると，それぞれの発達の促進因も異なる可能性があるだろう。豊富なMMは指差し理解とのみ関係していたが，こうした背景があるのではないかと考えられた。

(2) 母親による心的語彙の付与と誤信念理解の発達

　高い MM 得点を持つ母親には，子どもに心的語彙を多く付与する様子が生後 4 年間に亘って認められた。養育者による心的語彙の使用はこれまで，子どもの誤信念理解や感情理解を促進する要因であると考えられてきた（Symons, 2004 のレビューに詳しい）。しかしながら本書で得られた結果は，こうした議論に反して，豊富な心的語彙の使用と関連している高い MM 得点が，後の誤信念理解を予測しないというものであった。また，本書で得たデータについて，母親が母子相互作用中で子どもの内的状態に言及した頻度は，どの月齢で観察されたものであっても全て，子どもの信念や欲求理解の成績と関係していなかった。心的語彙への接触経験は，生後 18 ヵ月時や 48 ヵ月時の心的語彙そのものに対する理解能力を引き上げたとしても，他者の見えない心を正確に推測する能力の発達には十分な促進因とはならない，ということを示唆する結果であった。

　誤信念理解の発達について，日本人幼児は欧米の幼児に比較して時期がやや遅れるといった報告がある（Naito & Koyama, 2006 など）。また，母親の発話と子どもの心の理解の発達の関連について，日本国内における研究は非常に限られており，日本人幼児の誤信念理解の発達を促す養育環境についてはまだ十分に検討されていない。私信ながら（Meins, 2002），Meins らと本書における 6 ヵ月児母子の観察結果を比較すると，英国人母親よりも日本人母親の方が乳児への心的語彙の使用頻度が多いのではないかと思われ（平均値比較で 2 倍程度の差が見られた），心的語彙をめぐる言語環境自体にも文化差の存在が想定される。

　国内で行われた園田（1999）の研究に注目すると，幼児期の母子について相互作用中に母親が用いた心的語彙について，感情や欲求を表す語彙ではなく，思考状態を表す語彙の使用頻度のみが，子どもの誤信念理解ならびに欲求理解と相関していたという。そして，母親による心的語彙の使用は，その内容の種類に関わらず，子どもの感情理解とは関連していなかった。一方，乳児期からの長期的なデータに基づく本書の分析では，母親の心的語彙の使用が，誤信念理解ではなく，感情理解，特に感情語や表情の理解の発達に貢献していた。母親による心的語彙の付与と子どもの誤信念理解の発達の関係を明らかにするた

めには，少なくとも以下の2つの課題が残るだろう。

　1つは，園田（1999）を踏まえ，母親が使用する思考状態を表す語彙の頻度に着目して，子どもの誤信念理解，欲求理解との関連を問う必要性である。本書では母親の発話内容別にこうした検討は実施しなかったため，認知語の使用の豊富さのみが子どもの発達への説明力を持つ可能性は残る。しかし，特に乳児期には，母親による「思う」「考える」といった認知語の使用自体が極めて少ないというのが実際であった。また，MM測定実験で見出された，乳児に思考や認知状態を帰属しやすい母親グループについて，その子どもたちが信念理解に優れる，といった関係は認められなかった。乳児期における認知語の付与はそれ自体の数の少なさから子どもの発達への予測力は大きくないだろうと考えられるが，幼児期についてより詳細に分析する必要がある。

　もう1つの課題としては，母親が子どもに付与する心的語彙について，その適切性を考慮した検討を行う必要性である。Meinsら（2002; 2003）は母親の適切なMMが4歳時の心の理論課題の成績を予測することを示したが，この適切なMMは，まさに生後6ヵ月時に観察された乳児に対する心的語彙の付与を指標としている。ただし，文脈にそって，乳児の視点を考慮した適切な発話の割合のみが子どもの発達を予測した。実は，母親が乳児に付与した心的語彙のうち，適切でないと判断されたものの割合は，子どもの後の心の理論獲得を予測しなかったのである。乳児に対する心的語彙の付与という行動についても，量的豊富さと適切さという2つの軸による検討を行う必要があると考える。そして，こうした知見に基づくならば，子どもが他者の内なる心の状態を，その人物の立場に立って推測する能力には，乳児の視点を考慮するという適切性を備えた母親による心の言語化が重要な役割を持っていると推測される。今後，本書で測定した母親の豊富なMMが，養育行動の適切さとどのように関係するのかを問う必要性も併せて示されたものと考える。

第3節　課題と展望

　以上本書では，MM，すなわち母親が乳児に対してつい心の存在を帰属してしまうという認知的傾向に着目し，その量的な豊富さを測定した。そして，子

どもの側に実態として進んでいく心の発達，特に，他者と心を交わし，他者の心を理解する能力の発達に及ぼす影響を検討した。しかし，母親が乳児に心を帰属するということは，子どもが示す心の理解能力の全てを促進するのではないことが明らかとなった。母親の豊富なMMは，子どもへ多くの心的語彙を与えることなどを通して，子どもの側に，他者が表出した心の状態についての理解を促進していることが示唆された。しかしながら，他者の内側にある心の内容を正確に推測するという発達については，母親が乳児への心的帰属傾向を「高く持つこと」というよりもむしろ，「中程度に持つこと」が最も促進的であるという様相が浮かび上がった。そして，高すぎる心的帰属傾向は，子どもの発達にとってむしろ阻害的に働いている可能性についても，検討すべき必要性が示された。ここでは最後に，本書で測定したMMの高さが何を意味していたのかを考察し，本書の研究に残された課題と展望について述べる。

1. MMの豊富さが意味するものとは

　信念や欲求理解について，高いMM得点を持つ母親の子どもの成績は低く，全母親の中でMM得点が中位群に位置する母親の子どもの成績が最も優れていた。何故，MM得点の高さではなく，中程度の高さが子どもへの促進的効果を有していたのだろうか。中程度のMMのみが発達の促進機能を持つ，あるいは，高いMMが欲求・信念理解の発達の阻害因になる，という2つの可能性について，その理由も含めて検討していくことが最大の課題である。

(1) Mind-Mindednessの高さの基準とは

　本書で測定を試みた豊富なMMについて，高い得点が何故，子どもの欲求・信念理解の発達を促進しえなかったのかを，まず考えていきたい。

　子どもが示す心の理解に関する研究ではないが，Bernier & Dozier（2003）は，母親のMMによる子ども（養子）の安定型アタッチメントの発達の予測力を検討する中で，MMについて警鐘を鳴らしている。Bernier & Dozier（2003）はまず，子どもが感情や意図など心の世界を持ち，それが言語や行動によって表出されるようになる時期を2～3歳と仮定する。そして，これより幼い子どもに対する母親のMMを測定した。指標となったのは，母親に子どもの特徴

を説明するよう求めたインタビューにおける，心理的な描写の多さである（MM インタビュー；Meins et al., 1998）。すると，この MM の多さは，安定型アタッチメントの発達と負の相関を持っていた。つまり，幼い子どもへの過剰な，実際よりも成熟した心の世界の想定は，子どものアタッチメントの発達を「阻害する」という知見を報告したのである。そして，少なくとも幼い子どもの社会的な発達に対する MM の効果は見直すべきであり，アタッチメントの発達には「子どもの年齢に合致した MM」が重要であると論じている。

　こうしたアタッチメントの発達に対する MM の影響についての議論が，誤信念理解など心の理解能力の発達についても同様に当てはまるのかは，慎重に検討する必要があるだろう。ただし，Bernier & Dozier（2003）において，母親が子どもの心理的特徴をより多く語るという MM，すなわち，量的な豊富さを指標とする MM の機能が検討されており，この点は，測定方法の違いはあれども，本書で扱った豊富な MM との共通性がある。Bernier & Dozier（2003）は MM の量と子どもの発達の負の相関から，「子どもの年齢に合致した MM」の重要性を強調するが，実際に扱った変数は MM の量であり，研究対象である子どもの月齢が 6～30ヵ月と幅広いことからも，どの程度の MM の量が子どもの年齢にそっているのかをとらえることに成功していない。そして，本書における MM 得点の高さ，特に「中程度の高さ」も，結局のところ対象サンプル内における相対的なものであった。子どもの欲求や信念の理解の発達にとって，母親の MM が高ければ高いほど良いとは言えないことが確認されたが，「中程度の MM」を意味する絶対的基準を定めることの難しさも示された。

(2) **過剰な Mind-Mindedness**

　本書ではあえて，先行研究が取り組んでいない MM の豊富さ，すなわち，乳児を見るとつい，乳児の心の世界を想定してしまうという姿勢そのものに着目した。そして，Vygotsky（1978）に依拠しながら，実際の子どもの心の世界と，それよりも発達的に進んだ心の状態の想定との間にあるギャップが，子どもの発達を引き上げるような相互作用の実践につながるだろうという，肯定的機能を仮定してきた。しかしながら，MM の量という側面のみでは，高い MM がどのような意味を持っていたのか，そして，なぜ子どもの欲求・信念理解を促

進しなかったという背景に迫ることには限界があると考える。そして，幼児期に進む他者の欲求や信念の理解への影響については，MM の量だけではなく，母親が示す MM が子どもにとって適切であったか，すなわち Meins ら（2001）が重視した子どもの状態との「合致」という側面に，改めて向き合う必要があると考える。

先述の Bernier & Dozier（2003）においても，母親による想定と子どもの実際の心の状態との「合致」が論点となっている。安定型アタッチメントの発達には，養育者が子どもの状態に合わせて敏感な応答を示すこと（sensitivity）が重要だと考えられてきた。しかし，親による子どもの年齢にそぐわない，高度に成熟した複雑な心の状態の帰属は，むしろ実際の子どもの状態と合致しない関わり，すなわち敏感性の低さを意味するために，アタッチメントの発達に否定的に働くだろうと推測されているのである。

また，Fonagy ら（2007）は臨床的知見から，養育者の一部に「過剰な MM（hyper Mind-Mindedness）」が存在することを指摘している。乳児について語る際，非常に複雑すぎる心の状態を読み込んだり，乳児が感じていると想定する内容が特定の事柄に偏ったりゆがめられたりする場合があるのだという。そして，こうした養育者による乳児への心の帰属の過剰性や偏りは，子どもとの関係や子どもの発達に否定的影響を与えてしまうのではないかと危惧されている。

これらの指摘を考慮すると，本書で測定された高い MM 得点の内容には，こうした過剰さ，子どもの状態とのずれ，あるいは子どもの視点を考慮していない母親の内的状態の投影が含まれていた可能性があったのかもしれない。高い MM 得点が，過剰な MM を意味していたという可能性である。そして，MM 中位群では相対的に子どもの視点とのずれが少なかったために，文脈と対応した内的状態を理解する足場を子どもに提供しやすかったということも考えられるだろう。しかしながら，本書では，特定の実験刺激に対する母親の MM について，不適切さや内容の偏りを見出すには至らなかった。MM 得点の高群と中位群の適切さの差異については推測に過ぎず，本書ではその詳細を十分に明らかにすることができなかったが，今後，親が紡ぎ出す乳児の心の内容にも着目し，過剰性や子どもの状態との乖離の程度についても検討を加えることが大き

な課題である。

2．MMと養育行動の豊富さと適切さ

　以上より，母親が乳児の心に対して持つスタンスを，量的に豊富な心の帰属傾向と，適切な読み取り傾向という2つの側面から検討することの重要性が浮き彫りとなった。本書では母親が乳児が心を持つと考える傾向を豊富に持っていることが，発達早期の子どもに，私たちが心というものと一緒に日々生活をしていることを，特に言葉によって多く伝え示す養育行動と関係していることを明らかにした。さらに，そうした日々の何気ない養育行動が，子どもが心を表す言葉を理解したり，表情を説明したり，あるいは多くの言葉を理解する発達を引き上げるという様相を示した。

　一方，他者が欲している事柄，他者が信じ込んでいる事柄の内容を推測するという発達について，本書が測定したMMの豊富さと，適切さに着目した先行研究（Meins et al., 2002）の結果の差から，それぞれが子どもの発達に異なる形で影響を持つことも示唆された。本書では，母親が持つこれら2つの特徴を，同時期に比較することができなかったが，そもそも乳児の心に対する2つの特徴は，子どもの乳児期において母親の個人内にすでに独立してあったものなのだろうか。今後，子どもの乳児期において，母親が示す乳児への豊富なMMと適切なMMを同時に測定し，相違と重なりを直接的に検討する必要がある。また，両方のMMが，母親の中で最初から分離して存在するのか，発達早期には重複しながらも子どもの発達に沿って独立した特徴になっていくのか，といった検討も必要であろう。

　さらに，量としてのMM中位群の子どもの欲求・信念理解の発達が促進される理由について詳細に知るには，母親が実際に子どもに行う養育行動の適切さ（文脈と合致した内容の発話，やりとりのタイミングなど）を問うことも課題であると考える。すなわち，母親による子どもへの養育行動についても，量的な豊富さと，内容としての適切性という2軸から検討する必要があるのではないだろうか。本書の結果は，母親が子どもに対して心的語彙を付与する量が，子どもの感情理解や語彙発達は促す一方，他者の欲求や信念の理解には関係しないというものであった。養育行動の量的豊富さが，子どもの発達の全てを促

進するという単純な影響の形を見直す必要性を示唆していると思われる。

養育行動の量的豊富さが必ずしも子どもの発達に肯定的影響を持たない例として，例えば，生後2年目に見られる社会的参照行動の発達に関する研究がある。新奇な事物に対して，子どもが必ずしも母親からの応答や情報の提供を求めていない時に，母親が子どもに（ある意味では過度に）応答し，情報を付与してしまうと，子ども側に自立的な社会的参照行動が発達しないという知見がある（Walden & Knieps, 1996）。母親の行動だけを分析対象とすると，量的には十分な，あるいはかなり高い頻度が観察されたとしても，子どもにとって必要なタイミング，内容を伴うものでなければ，発達の適切な促進因にはなりえないのかもしれない。

このように，母親が実際に子どもに行う個々の行動についても，単純な量的豊富さを示す指標のみならず，内容として子どもの状態に合致しているのかという適切さを考慮していく必要があるだろう。そこで今後は，子どもの状態に照らして，必要な時に適切な関わりを母親が行っているかを測定する視点（例えば Emotional Availability; Biringen, 2000）も含め，母子相互作用の特徴を多角的に分析することが求められる。

そして，母親が子どもの心に目を向ける傾向の量的豊富さと適切さが，養育行動としての量的豊富さと適切さのそれぞれとどのような関係にあるのかを明らかにすることも必要である。これまで，子どもが育つ社会的環境について，養育者がある特徴を高く持てば持つほど，子どもの発達に肯定的影響を持つといった構図が多く提唱されてきた。しかし，内容としての適切さ，さらには量的豊富さとして中程度であることの積極的意味にも着目し，こうした構図が妥当である範囲と，必ずしも適応できない範囲について，見直していくことが課題であると思われる。

3．親子間の双方向の影響

本書では，母親の認知的特徴が子どもの発達に影響を与えるという方向性を仮定してその実際について明らかにすることを目的とした。ただし，母子間において母親が子どもの発達に影響を及ぼすだけではなく，子どもの様々な発達によって，母親の方が子どもへの見方や行動を変えていくという方向性も考慮

すべきであろう。本書では，子どもから親への影響を十分に扱い得なかった。しかし，子どもの姿や成長を受けて母親が変化することや，変化できる柔軟性にこそ，子どもの発達への肯定的な影響力があるという可能性も十分に想定できるだろう。今後は，発達する母親と，発達する子どもの相互関係にも着目していく必要があると考える。

4．子どもの心の理解の背景

　自己と他者が持つ心の世界についての理解の発達を促す養育環境とはどのようなものかを検討することが本書の関心であった。その中で，母親が発達早期から乳児の心に目を向け，心を持った存在として乳児を扱う傾向の重要性に着目した。しかし，こうした母親の特徴は，あくまで子どもの発達を促進するものであり，子どもの心の理解そのものを生み出すものではないだろう。この意味で本書の研究と論考は，子どもが発達させていく自己の心，あるいは他者の心に対する理解そのものを可能にする機構の存在，おそらくは生得的なそれを仮定したものである。そして本書では，子どもの心の発達自体を可能にするメカニズムについて，詳細にふれることはできなかった点に課題が残る。

　また，本書では子どもが示す心の理解について，特に他者の心に対する理解の側面に焦点をあてた。これは，発達早期の乳児と他者の関係が，大人側が乳児を（心を持った存在として）理解するという非対称性を持つのに対し，やがて乳児も他者の心を理解するという対称な関係へと発達していく様相を重視したためである。しかし心の理解について，他者理解と自己理解は緊密に結びついている。特に，養育者が乳児の内的状態を言語化し，行動に反映させながら乳児とやりとりを展開していく中で，乳児には，自分自身の内的状態の理解が進むと考えられる。Sharp & Fonagy（2008）は，養育者による乳児の内的状態の理解の不足，あるいは偏りが，乳児の自己理解や情緒的発達を阻害する可能性を指摘している。そして，こうした自己理解の発達が，他者理解の在り方に影響する可能性も考えられるだろう。今後，母親の MM という特徴が，子ども自身の理解や自己表現の発達に及ぼす影響についても，その実態を明らかにする研究が必要であると思われる。

5．結びにかえて

　本書では母親が乳児の心に目を向ける傾向について，縦断研究に基づく一連の知見を示した。もの言わぬ乳児の心を，ついつい紡ぎ出してしまうという親の心。そんな母親の心の特徴について，本書は実験による測定や個人差の記述を行った。縦断研究から，母親の Mind-Mindedness は，子どもが心を理解する能力の発達を，全てではないものの，一部の側面については促進する機能を持つことを示唆する結果を得た。特に乳幼児期を通して，母親が心を表す言葉を使うことで，子どもたちを目に見えない心の世界に招き入れている様子が明らかになったと思われる。同時に，母親の MM が予測する子どもの発達と，予測しない発達が明らかになったことで，特に，子どもの欲求や信念理解を促進する環境について，さらなる研究の必要性が示されたものと考える。

　なお，本書では，子どもを取り巻く社会的環境として母親との関係に着目したが，これは，子どもにとって母子関係のみが特異であることを意味するものではない。家族全体についての検討を行うことが最善であるし，また，縦断研究の中で実感されたのは，保育園，幼稚園という家庭以外での経験が子どもにとって大きな意味を持っていることであった。「幼稚園で見たもん」という子どもたちの表現は，家庭内で多く聞かれたものであり，また，母親も「保育園で覚えてきたんですよ」といって子どもたちの言葉や行動の成長を説明してくださった。子どもの生活範囲が，成長とともに拡大する様子を目の当たりにしながら，乳児期に測定した母親の特徴を独立変数として扱い続ける本書の研究デザインに，現実との乖離や限界があるのではないかと，自問自答を繰り返したこともまた事実である。

　それでも，生後6ヵ月から48ヵ月という長期間に亘って母子を見続ける研究を通して，母子の中で連続するもの，変化するもの，それらと子どもの発達の関連について多少なりとも知見を得ることができたのではないかと考えている。特に我が国では，乳児期から幼児期までを含んだ親子の縦断研究の数がまだ少ない。子どもの発達という「時間」を扱う発達心理学だからこそ，複数の発達心理学者のチームによる，時間経過を考慮した綿密な縦断調査の実施は大きく期待されるところであろう。本書に示した研究は筆者単独によるもので，対象サンプルも少なく，調査項目も十分であったとは言い難いが，縦断研究の

一試みとしての意義があればと思う。

　最後に，本書の縦断研究の中では子どもの発達について，あらかじめ設けた分析枠，実験課題に基づいて検討を行った。ところが，特に母子やりとりの観察を行う中で，子どもが実験課題とは異なる形で，自他の心を理解している姿に出会うことがあった。観察という手法を採用したからには，日常場面で発揮される子どもの能力にも，もっと目を向ける必要があったと考える。加えて，母親の養育行動についても，母親が子どもの心の状態を想定し，あるいは尊重して行う特徴的な行動を新たに発見することがあった。日常的なやりとりに埋め込まれた，子どもの発達を支えるような足場をボトムアップに見つけ出す視点が必要であっただろう。母親がつい何気なく行う日常的な行為が，子どもと母親にとってどのような意味をもっているのかを丁寧に掬う視点を持ち，検討を行っていくことを今後の課題としたいと考える。

付　記

　本書は，平成22年度に京都大学大学院教育学研究科に提出した筆者の学位論文「母親が持つ『子どもの心に目を向ける傾向』と子どもの心の理解能力の発達―生後5年間の縦断的検討―」に修正と加筆を行ったものである。また，各章で示した調査や実験については，下記の論文に基づき執筆した。刊行情報を以下に示す。

第1章
篠原郁子．(2003)．　〈mind-mindedness〉とは何か　―養育者による子どもの内的状態の読みとりとそれが支える相互作用の在り方―．京都大学大学院教育学研究科　教育方法学講座紀要　教育方法の探求, **6**, 69-75.

篠原郁子．(2005)．　子どもの心的理解の発達を支えるものとは　―養育者の敏感性及びmind-mindednessの役割―．京都大学大学院教育学研究科紀要, **51**, 357-370.

第2章
篠原郁子．(2004)．　〈mind-mindedness〉個人差の規定因に関する探索的研究．京都大学大学院教育学研究科教育方法学講座紀要　教育方法の探求, **7**, 48-55.

篠原郁子．(2006)．　乳児を持つ母親におけるmind-mindedness測定方法の開発　―母子相互作用との関連を含めて―．心理学研究, **77**(3), 244-252.

第3章
篠原郁子．(2007)．　母親のmind-mindednessと18ヵ月児の心の理解能力の関連　―共同注意行動および内的状態語の発達との検討―．京都大学大学院教育学研究科紀要, **53**, 260-271.

篠原郁子. (2008). 母親の mind-mindedness と母子相互作用および 9 ヵ月乳児の共同注意の発達. 京都大学大学院教育学研究科紀要, 54, 234-245.

第 4 章
篠原郁子. (2011). 母親の mind-mindedness と子どもの信念・感情理解の発達：生後 5 年間の縦断調査. 発達心理学研究, 22, 240-249.

第 5 章
篠原郁子. (2009). 母親の「子どもの心に目を向ける傾向」の発達的変化について ―生後 5 年間に亘る縦断的検討―. 発達研究, 23, 73-84.

おわりに

　本書の出版にあたり，平成24年度科学研究費補助金（研究成果公開促進費）の交付を受けました。また，本書で示した研究は，日本学術振興会特別研究員奨励費（平成16～19年度），ならびに，財団法人発達科学研究教育センター平成19年度「発達科学研究教育奨励賞」の研究助成を受けて行われました。

　本書の執筆，特に学位論文の修正と加筆という作業の時間は，これまで研究指導をいただいてきた先生方からの御指導，コメントのありがたさを改めて実感，痛感する日々となりました。

　本書ならびに学位論文の執筆にあたり，京都大学大学院教育学研究科（現：京都大学名誉教授，立命館大学特別招聘教授）のやまだようこ先生には，あたたかいご指導をいただきました。乳児期の親子やりとりに着目する研究を進める際，乳児および親子観察研究の先駆者であるやまだ先生からは多くの教えをいただきました。親子を観る視点，観察研究の進め方，縦断研究を続けていく心構えについて，先生のご経験を踏まえた助言をいただきました。また，ご指導いただく中で，研究者として生きていくということについても，先生のお話をうかがう機会を得ました。やまだ先生の研究を進める大きなエネルギーと，物事を発見し考えることを心から楽しむというお姿に，これから研究を続けていく上での目標と，大きな勇気をいただいたように思います。心より，御礼申し上げます。

　また，本書に示した研究をすすめるにあたり，子安増生先生，明和政子先生をはじめ，京都大学大学院教育学研究科の先生方には多くのことを教えていただきました。大学院では，研究を行うだけではなく，国内外で成果を発表し，関心を共にする研究者と交流する機会もいただきました。そうした交流の場は，研究を進めていく上で，大きな刺激となりました。先生方に深く感謝申し上げます。

　本書のテーマにそのままつながっている，「赤ちゃんを育てている親は，赤

ちゃんの気持ちをどのように考えているのだろう」という関心を初めて話したのは，学部3年生の頃の研究会でした。その時，Mind-Mindednessという本書の中心的テーマとなる概念を教えてくださったのが，現：東京大学大学院教育学研究科准教授の遠藤利彦先生です。遠藤先生には，研究の基本と面白さを教えていただきました。「論を立てること」。それはとても難しいけれど，とても面白いことなのだと，遠藤先生はいつも示してくださいます。卒業論文から学位論文の執筆まで，先生にいただいた全てのご指導と励ましに，心より感謝申し上げます。

　また，本書に示した研究は，お母様とお子さんの長期間のご協力なくては成しえませんでした。長期間にわたり調査にご協力いただきました皆様に心より感謝いたします。本書に掲載した親子やりとり場面の写真は，全て同一の親子の各観察時期のものです。観察を重ねるごとに，お子さんがどんどんと成長し，遊びの内容も変化している様子を見ていただけたかと思います。写真の掲載をご快諾いただきましたご家族に，御礼申し上げます。縦断観察の第1回目となる，生後6ヵ月時のビデオ撮影をしている時，初めて寝返りをした赤ちゃんがいました。お母様と一緒に，ビデオカメラの後ろで声をひそめて感動しました。また，家庭訪問の際はいつも百面相をして赤ちゃんを笑わせて，温かいやりとり見せてくださったおじい様がいました。縦断研究の時間の中で，おじい様とのお別れがありました。長期間の研究にご協力いただいたご家族とは，嬉しい瞬間，驚きと発見，悲しいお別れ，たくさんの出来事を一緒に経験させていただきました。改めて感謝申し上げるとともに，お子さん達の健やかなご成長と，ご家族のご多幸を心よりお祈り申し上げます。

　本書の研究で観察をしてきた赤ちゃんたちは今，小学校3年生になっています。子どもたちの成長のスピードの速さとは逆に，研究をまとめ，本書に成果を報告するに至るまでの歩みは，大変にゆっくりとしたものとなってしまいました。本書に示した先行研究，特に縦断研究の計画を立てていた頃に勉強していた先行知見の多くが，今現在においてはもはや最新のものとは言えません。先行研究の整理の更新を十分にできなかったことが，第一の反省点です。また，縦断調査の最中は，次々に訪れる観察時期に合わせて30数組の親子を訪ねて回ることが最優先となり，蓄積されるビデオ記録と向き合うことが十分にできな

かったように思います。たくさんの親子観察を経て新たな研究課題が得られたことに感謝しながら，今後も親子を見つめる研究を続けていきたいと考えています。

　研究を進めるにあたって，京都大学大学院教育学研究科の研究室の皆さんに大きな支えをいただきました。特に，松本学さん，川島大輔さん，石井佑可子さん，本島優子さん，川崎裕美さんに感謝申し上げます。ナカニシヤ出版の宍倉由高さん，山本あかねさんには，原稿に丁寧に目をとおしていただき，本書の出版にあたって多くのお力添えをいただきました。ここに感謝の意を述べさせていただきます。

　最後に，心理学を学び，研究を続けることを常に支え，応援してくれる両親，異なる専攻ながら研究の喜びと苦労を分かち合える弟に感謝します。そして，この縦断研究の成果を本にまとめるよう勧めてくれたのは夫でした。豊富とも適切とも測りかねますが，根気強く私の心に目を向けてくれる夫に感謝します。

2013年　篠原郁子

引用文献

Adamson, L. B. (1995). *Communication development during infancy.* Madison, WI, England: Brown & Benchmark. (アダムソン, L. B. 大藪　秦・田中みどり(訳) (1999). 乳児のコミュニケーション発達, 川島書店)

Adamson, L. B., & Bakeman, R. (1984). Mothers' communicative acts: Changes during infancy. *Infant Behavior and Development,* 7, 467-478.

Adamson, L. B., & Bakeman, R. (1985). Affect and attention: Infants observed with mothers and peers. *Child Development,* 56, 582-593.

Adamson, L. B., Bakeman, R., Smith, C. B., & Walters, A. S. (1987). Adults' interpretation of infants' acts. *Developmental Psychology,* 23, 383-387.

Adamson, L. B., & McArthur, D. (1995). Joint attention, affect and culture. In C. Moore, & P. Dunham (Eds.), *Joint attention: Its origins and role in development.* Hillsdale, NJ: Lawrence Erlbaum Associates. pp. 189-204. (ムーア, C. ・ダナム, P. 大神英裕(監訳) (1999). ジョイント・アテンション, ナカニシヤ出版)

Ainsworth, M. D. S., Bell, S. M., & Stayton, D. J. (1974). Infant-mother attachment and social development: Socialization as product of reciprocal responsiveness to signals. In M. P. M. Richards (Ed.), *The introduction of the child into a social world.* London: Cambridge University Press. pp. 99-135.

Ainsworth, M. D. S., Blehar, M. C., Waters, E., & Wall, S. (1978). *Patterns of attachment: A psychological study of the strange situation.* Hillsdale, NJ: Lawrence Erlbaum Associates.

Akhtar, N., Dunham, F., & Dunham, P. (1991). Directive interactions and early vocabulary development: The role of joint attentional focus. *Journal of Child Language,* 18, 41-49.

Astington, J. W. (1993). *The child's discover of the mind.* Cambridge, MA: Harvard University Press.

Baillargeon, R., Scott, R., & He, Z. (2010). False-belief understanding in infants. *Trends in Cognitive Sciences,* 14, 110-118.

Banerjee, M. (1997). Peeling the onion: A multilayered view of children's emotional development. In S. Hala (Ed.), *The development of social cognition.* East Sussex, UK: Psychology Press. pp. 241-272.

Baron-Cohen, S. (1995a). *Mind-blindness: An essay on autism and theory of mind.* Cambridge, MA: MIT Press.

Baron-Cohen, S. (1995b). The eye direction detector (EDD) and the shared attention mechanism (SAM): Two cases for evolutionally psychology. In C. Moore, & P.

Dunham (Eds.), *Joint attention: Its origins and role in development*. Hillsdale, NJ: Lawrence Erlbaum Associates. pp. 41-56. (ムーア, C.・ダナム, P. 大神英裕 (監訳) (1999). ジョイント・アテンション, ナカニシヤ出版)
Bartsch, K., & Estes, D. (1996). Individual differences in children's developing theory of mind and implications for metacognition. *Learning and Individual Differences*, 8, 281-304.
Bartsch, K., & Wellman, H. M. (1995). *Children talk about the mind*. New York: Oxford University Press.
Bernier, A., & Dozier, M. (2003). Bridging the attachment transmission gap: The role of maternal mind-mindedness. *International Journal of Behavioral Development*, 27(4), 355-365.
Belsky, J., Gurduque, L., & Hrncir, E. (1984). Assessing performance, competence and executive capacity in infant play: Relations to home environment and security of attachment. *Developmental Psychology*, 20, 406-417.
Biringen, Z. (2000). Emotional availability: Conceptualization and research findings. *American Journal of Orthopsychiatry*, 70, 104-114.
Biringen, Z., Robinson, J. L., & Emde, R. N. (1998). *Emotional Availability Scale*. Unpublished manuscript: University of Colorado Health Science Center.
Boone, R. T., & Cunningham, J. G. (1998). Children's decoding of emotion in expressive body movement: The development of cue attunement. *Developmental Psychology*, 34, 1007-1016.
Bowlby, J. (1969/1982). *Attachment and loss. Vol. 1. Attachment*. New York: Basic Books.
Bowlby, J. (1973). *Attachment and Loss. Vol. 2. Separation*. New York: Basic Books.
Bretherton, I. (1991). Intentional communication and the development of an understanding of mind. In D. Frye & C. Moore (Eds.), *Children's theory of mind*. Hillsdale, NJ: Lawrence Erlbaum Associates. pp. 49-75.
Bretherton, I., & Beegly, M. (1982). Talking about internal states: The acquisition of an explicit theory of mind. *Developmental Psychology*, 18, 906-921.
Brown, J. R., & Dunn, J. (1991). You can cry mam: The social and developmental implications of talk about internal states. *British Journal of Developmental Psychology*, 9, 237-256.
Bruner, J. (1972). Nature and use of immaturity. *American Psychologist*, 27, 687-708.
Bruner, J. (1975). From communication to language: A psychological perspective. *Cognition*, 3, 255-287.
Bruner, J. (1983). *Child's talk: Learning to use language*. New York: Norton.
Bugental, D. B., Cortez, V., & Blue, J. (1992). Children's affective responses to the expressive cues of others. *New Directions for Child and Adolescent Development*, 55, 75-89.
Butterworth, G. (1995). Origins of mind in perception and action. In C. Moore, & P. Dunham (Eds.), *Joint attention: Its origins and role in development*. Hillsdale, NJ:

Lawrence Erlbaum Associates. pp. 29-40. (ムーア, C. ・ダナム, P. 大神英裕 (監訳) (1999). ジョイント・アテンション, ナカニシヤ出版)

Butterworth, G., & Jarrett, N. (1991). What mind have in common is space: Spatial mechanisms serving joint visual attention in infancy. *British Journal of Developmental Psychology*, 9, 55-72.

Campos, J. J., Kermoian, R., & Zumbahlen, M. R. (1992). Sosioemotional transformation in the family system following infant crawling onset. In N. Eisenberg, & R. A. Fabes (Eds.), *Emotion and its regulation in early development: New directions for child development*. San Francisco, CA: Jossey-Bass. pp. 25-40.

Carlson, S., Mandell, D., & Williams, L. (2004). Executive function and theory of mind: Stability and prediction from age 2 to 3. *Developmental Psychology*, 40, 1105-1122.

Charman, T., Baron-Cohen, S., Swettenham, J., Baird, G., Cox, A., & Drew, A. (2001). Testing joint attention, imitation, and play as infancy precursors to language and theory of mind. *Cognitive Development*, 15, 281-498.

Claussen, A. H., & Crittenden, P. M. (2000). Maternal Sensitivity. In P. M. Crittenden, & A. H. Claussen (Eds.), *The organization of attachment relationships: Maturation, culture, and context*. New York: Cambridge University Press. pp. 115-122.

Cole, K., & Mitchell, P. (1998). Family background in relation to deceptive ability and understanding of the mind. *Social Development*, 7, 181-197.

Condon, S. M., & Sander, W. L. (1974). Synchnrony demonstrated between movements of the neonate and adult speech. *Child Development*, 45, 456-462.

Corkum, V., & Moore, C. (1995). Development of joint visual attention in infants. In C. Moore, & P. Dunham (Eds.), *Joint attention: Its origins and role in development*. Hillsdale, NJ: Lawrence Erlbaum Associates. pp. 61-83. (ムーア, C. ・ダナム, P. 大神英裕 (監訳). (1999). ジョイント・アテンション, ナカニシヤ出版)

Cutting, A. L., & Dunn, J. (1999). Theory of mind, emotion understanding, language, and family background: Individual differences and interrelations. *Child Development*, 70, 853-865.

Denham, S. (1986). Social cognition, prosocial behavior, and emotion in preschoolers: Contextual validation. *Child Development*, 57, 194-201.

Desrochers, S., Morissette, P., & Ricard, M. (1995). Two perspectives on pointing in infancy. In C. Moore, & P. Dunham (Eds.), *Joint attention: Its origins and role in development*. Hillsdale, NJ: Lawrence Erlbaum Associates. pp. 85-102. (ムーア, C. ・ダナム, P. 大神英裕 (監訳). (1999). ジョイント・アテンション, ナカニシヤ出版)

De Villiers, J. G., & de Villiers, P. A. (2000). Linguistic determinism and the understanding of false beliefs. In P. Mitchell, & K. J. Riggs (Eds.), *Children's reasoning and the mind*. UK: Psychology Press/Taylor & Francis. pp. 191-228.

De Wolff, M. S., & van Izendoorn, M. H. (1997). Sensitivity and attachment: A meta analysis on parental antecedent of infant attachment. *Child Development*, 68, 571-591.

Dolev, S., Oppenheim, D., Koren-Karie, N., & Yirmiya, N. (2009). Emotional availability in

mother-child interaction: The case of children with autism spectrum disorder. *Parenting: Science and Practice*, 9, 183-197.
Dunn, J. (1988). *The beginnings of social understanding*. Cambridge, MA: Harvard University Press.
Dunn, J. (1995). Children as a psychologist: The later correlates of individual differences in understanding of emotions and other minds. *Cognition and Emotion*, 9, 187-201.
Dunn, J. (2001). Mindreading, emotion understanding, and relationships. In M. Bennett (Ed.). *Developmental psychology: Achievement and prospects*. New York: Psychology Press. pp. 167-176.
Dunn, J., Bretherton, I., & Munn, P. (1987). Conversations about feeling states between mothers and their young children. *Developmental Psychology*, 23, 132-139.
Dunn, J., Brown, J., & Beardsall, L. (1991). Family talk about feeling states and children's later understanding of other's emotions. *Developmental Psychology*, 27, 448-455.
Dunn, J., Brown, J., Slomkowski, C., Tesla, C., & Youngblade, L. (1991). Young children's understanding of other people's feeling and beliefs: Individual differences and their antecedents. *Child Development*, 62, 1352-1366.
Dunn, J., & Kendrick, C. (1982). *Siblings: Love, envy and understanding*. Cambridge, MA: Harvard University Press.
Easterbrooks, M., & Goldberg, A. (1990). Security of toddler-parent attachment: Relation to children's sociopersonality functioning during kindergarten. In T. Greenberg, D. Cicchetti, & T. Cummings (Eds.), *Attachment in the preschool years: Theory, research, and intervention*. The John D. & Catherine T. MacArthur Foundation series on mental health and development. Chicago, IL: University of Chicago Press. pp. 221-244.
Elicker, J., Englund, M., & Sroufe, L. A. (1992). Predicting peer competence and peer relationships in childhood from early parent-child relationships. In R. Parke, & G. Ladd (Eds.), *Family-peer relationships: Modes of linkage*. Hillsdale, NJ: Lawrence Erlbaum Associates. pp. 77-106.
Emde, R. N., Gaensbauer, T. J., & Harmon, R. J. (1976). Emotional expression in infancy: Abiobehavioral study. *Psychological Issues: Monograph Series*, No. 37. New York: International Universities.
遠藤利彦・江上由美子・鈴木さゆり. (1991). 母親の養育意識・養育行動の規定因に関する探索的研究. 東京大学教育学部紀要, 31, 131-152.
遠藤利彦・小沢哲史. (2000). 乳幼児期における社会的参照の発達的意味およびその発達プロセスに関する理論的検討. 心理学研究, 71, 498-514.
Fantz, R. (1961). The origin of form perception. *Scientific American*, 204, 66-72.
Feldman, R., & Reznick, J. S. (1996). Maternal perception of infant intentionality at 4 and 8 months. *Infant Behavior and Development*, 19, 483-496.
Fernyhough, C. (1996). The dialogical mind: A dialogic approach to the higher mental functions. *New Ideas of Psychology*, 14, 47-62.
Flavell, J. H. (2002). Development of children's knowledge about the mental world. In W.

Hartup, & R. Silbereisen (Eds.), *Growing points in developmental science: An introduction.* New York: Psychology Press. pp. 102-122.
Fogel, A., & Melson, G. F. (1986). *Origins of nuturance.* Hillsdale, NJ: Lawrence Erlbaum Associates.
Fonagy, P. (2001). *Attachment theory and psychoanalysis.* London, England: Cathy Miller Foreign Rights Agency. (フォナギー, P. 遠藤利彦・北山　修 (監訳). (2008). 愛着理論と精神分析, 誠信書房)
Fonagy, P., Gergely, G., & Target, M. (2007). The parent-infant dyad and the construction of the subjective self. *Journal of Child Psychology and Psychiatry,* 48, 288-328.
Fonagy, P., & Target, M. (1997). Attachment and reflective function: Their role in self-organization. *Development and Psychopathology,* 9, 679-700.
Fonagy, P., Redfern, S., & Charman, A. (1997). The relationship between belief-desire reasoning and positive measure of attachment security (SAT). *British Journal of Developmental Psychology,* 15, 51-61.
Futo, J., Batki, A., Koos, O., Fonagy, P., & Gergely, G. (2004). Early social-interactive determinants of later representational and affect-regulative competence in pretend play (Poster). Paper presented at the 14th Biennial International Conference on Infant Studies, Chicago.
Gopnik, A. (1996). Theories and modules:Creation myths, developmental realities, and Neurath's boat. In P. Carruthers, & K. Smith (Eds.), *Theories of theories of mind.* Cambridge, UK: Cambridge University Press. pp. 169-183.
Grossmann, K. E., & Grossmann, K. (1991). Attachment quality as an organizer of emotional and behavioral responses in a longitudinal perspective. In C. M. Parkes, J. Steven-Hinde, & P. Marris (Eds.), *Attachment across the life cycle.* London: Routledge. pp. 93-114.
Halberstadt, A. (1986). Family socialization of emotional expression and nonverbal communication styles and skills. *Journal of Personality and Social Psychology,* 51, 827-836.
Harding, C. (1984). Acting with intention: A framework for examining the development of the intention to communicate. In L. Feagans, C. Garvey, & R. Golinkoff (Eds.), *The origins and growth of communication.* pp. 123-135. Norwood, NJ: Ablex.
Harlow, H. F., & Harlow, M. K. (1965). The affectional systems. In A. M. Schrier, H. F. Harlow, & F. Stollnitz (Eds.), *Behavior of nonhuman primates.* New York: Academic Press. pp. 287-334.
Harris, P. L. (1992). From simulation to folk psychology: The case for development. *Mind & Language,* 7, 120-144.
Harris, P. L. (1999). Individual differences in understanding emotion: The role of attachment status and psychological discourse. *Attachment and Human Development,* 1, 307-324.
Harrist, A. W., & Waugh, R. M. (2002). Dyadic synchrony: Its structure and function in

children's development. *Developmental Review*, 20, 555-592.
Hay, D. F., Nash, A., & Pederson, J. (1981). Responses of six-month-olds to the distress of their peers. *Child Development*, 52, 1071-1075.
Heider, F. (1958). Perceiving the other person. In R. Tagiuri & L. Petrullo (Eds.), *Person perception and interpersonal behavior*. Stanford: Stanford University Press.
Hodapp, R. M., Goldfield, E. C., & Boyatzis, C. J. (1984). The use and effectiveness of maternal scaffolding in mother-infant games. *Child Development*, 55, 772-781.
Holmes, J. (1993). *John Bowlby and attachment theory*. London: Routledge.
Hughes, C., & Dunn, J. (1998). Understanding mind and emotion: Longitudinal association with mental state talk between young friends. *Developmental Psychology*, 34, 1026-1037.
Isabella, R. A. (1993). Origins of attachment: Maternal interactive behavior across the first year. *Child Development*, 64, 605-621.
Jenkins, J., & Astington, J. W. (1996). Cognitive factors and family structure associated with theory of mind development in young children. *Developmental Psychology*, 32, 70-78.
笠井 仁・井上忠典. (1993). 想像活動への関与に関する研究：測定尺度の作成と妥当性の検討. 催眠学研究, 38, 9-20.
数井みゆき・遠藤利彦. (2005). アタッチメント　生涯にわたる絆. ミネルヴァ書房.
Kaye, K. (1982). *The mental and social life of babies: How parents create persona*. Chicago: University of Chicago Press. (ケイ, K. 鯨岡　峻・鯨岡和子 (訳). (1993). 親はどのようにして赤ちゃんをひとりの人間にするのか, ミネルヴァ書房)
Koren-Karie, N., Oppenheim, D., Dolev, S., Sher, E., & Etzion-Carasso, A. (2002). Mothers' insightfulness regarding their infants' internal experience: Relations with maternal sensitivity and infant attachment. *Developmental Psychology*, 38, 534-542.
Kovács, Á. M., Téglás E., & Endress, A. D. (2010). The social sense: Susceptibly to others' beliefs in human infants and adults. *Science*, 330, 1830-1834.
子安増生. (1997a). 巻頭言：「心の理論」の特集にあたって. 心理学評論, 40(1), 3-7.
子安増生. (1997b). 幼児の「心の理論」の発達：心の表象と写真の表象の比較. 心理学評論, 40(1), 97-109.
Laible, D. (2004). Mother-child discourse in two contexts: Links with child temperament, attachment security, and socioemotional competence. *Developmental Psychology*, 40, 979-992.
Laible, D. J., & Thompson, R. A. (1998). Attachment and emotional understanding in preschool children. *Developmental Psychology*, 5, 1038-1045.
Laranjo, J., & Bernier, A. (2012). Children's expressive language in early toddlerhood: Links to prior maternal mind-mindedness. *Early Child Development and Care*. DOI: 10.1080/03004430.2012.699964.
Leslie, A. M. (1994). Tomm and Toby: Core architecture and domain specificity. In L. A. Hirschfeld, & S. A. Gelman (Eds.), *Mapping the mind: Domain specificity in cognition*

and culture. New York: Cambridge University Press. pp. 119-148.
Leung, E. H. L., & Rheinggold, H. L. (1981). Development of pointing as a social gesture. *Developmental Psychology*, 17, 215-220.
Lewis, M. (2007). Early emotional development. In A. Slater, & M. Lewis (Eds.), *Introduction to infant development*. 2nd ed. New York: Oxford University Press. pp. 216-232.
Lewis, C., Freeman, N. H., Kyriakidou, C., Maridaki-Kassotaki, K., & Berridge, D. M. (1996). Social influences on false belief access: Specific sibling influences or general apprenticeship? *Child Development*, 67, 2930-2947.
Lok, S. M., & McMahon, C. A. (2006). Mothers' thoughts about their children: Links between mind-mindedness and emotional availability. *British Journal of Developmental Psychology*, 24, 477-488.
Lorenz, K. (1943). Die angeborenen formen moeglichere erfahrung. *Zeitschrift für Tierpsychologie*, 5, 235-409.
Malatesta, C. Z., & Haviland, J. M. (1982). Learning display rules: The socialization of emotion expression in infancy. *Child Development*, 53, 991-1003.
Martin, G. B., & Clark Ⅲ, R. D. (1982). Distress crying in neonates: Species and peer specificity. *Developmental Psychology*, 18, 3-9.
松永あけみ・斉藤こずゑ・荻野美佐子. (1996). 乳幼児期における人の内的状態の理解に関する発達的研究—内的状態を表すことばの分析を通して. 山形大学紀要(教育科学), 11, 35-55.
Meins, E. (1997). *Security of attachment and the social development of cognition*. East Sussex, UK: Psychology Press.
Meins, E. (1998). The effects of security of attachment and maternal attribution of meaning on children's linguistic acquisitional style. *Infant Behavior and Development*, 21, 237-252.
Meins, E., & Fernyhough, C. (1999). Linguistic acquisitional style and mentalising development: The role of maternal mind-mindedness. *Cognitive Development*, 14, 363-380.
Meins, E., Fernyhough, C., Arnott, B., Turner, M., & Leekam, S. (2011). Mother-versus infant-centered correlates of maternal mind-mindedness in the first year of life. *Infancy*, 16(2), 137-165.
Meins, E., Fernyhough, C., Fradley, E., & Tuckey, M. (2001). Rethinking maternal sensitivity: Mothers' comments on infants' mental processes predict security of attachment at 12 months. *Journal of Child Psychology and Psychiatry and Allied Disciplines*, 42, 637-648.
Meins, E., Fernyhough, C., Russell, J., & Clark-Carter, D. (1998). Security of attachment as a predictor of symbolic and mentalising abilities: A longitudinal study. *Social Development*, 7, 1-24.
Meins, E., Fernyhough, C., Wainwright, R., Clark-Carter, D., Das Gupta, M., Fradley, E., &

Tuckey, M. (2003). Pathways to understanding mind: Construct validity and predictive validity of maternal mind-mindedness. *Child Development*, 74, 1194-1211.
Meins, E., Fernyhough, C., Wainwright, R., Das Gupta, M., Fradley, E., & Tuckey, M. (2002). Maternal mind-mindedness and attachment security as predictors of theory of mind understanding. *Child Development*, 73, 1715-1726.
Meltzoff, A. N. (1995). Understanding of the intentions of others: Re-enactment of intended acts by 18-month-old children. *Developmental Psychology*, 31, 838-850.
Meltzoff, A. N., & Moore, M. K. (1977). Imitation of facial and manual gestures by human neonates. *Science*, 198, 75-78.
Meltzoff, A. N., & Moore, M. K. (1983). Newborn infants imitate adult facial gestures. *Child Development*, 54, 702-709.
Miller, G. A. (1981). *Language and speech*. San Francisco: Freeman.
Moriguchi, Y., Okumura, Y., Kanakogi, Y., & Itakura, S. (2010). Japanese children's difficulty with false belief understanding: Is it real or apparent? *Psychologia*, 53, 36-43.
森野美央. (2005). 幼児期における心の理論発達の個人差, 感情理解発達の個人差, 及び仲間との相互作用の関連. 発達心理学研究, 16, 36-45.
Morissette, P., Richard, M., & Gouin Decarie, T. (1995). Joint visual attention and pointing in infancy: A longitudinal study of comprehension. *British Journal of Developmental Psychology*, 13, 163-175.
Morton, J., & Johnson, M. H. (1991). CONSPEC and CONLERN: A two-process theory of infant face recognition. *Psychological review*, 98, 164-181.
Mundy, P., Hogan, A., & Doehring, P. (1996). *A preliminary manual for the abridged Early Social Communication Scales*. Unpublished manuscript: University of Miami.
Mundy, P., Delgado, C., Block, J., Venezia, M., Hogan, A., & Seibert, J. (2003). *A manual for the abridged Early Social Communication Scales*. Unpublished manuscript: University of Miami.
Murphy, C. M., & Messer, D. J. (1977). Mothers, infants, and pointing: A study of a gesture. In H. R. Schafer (Ed.), *Studies in mother-infant interaction*. London: Academic Press. pp. 216-232.
明和政子. (2006). 心が芽ばえるとき―コミュニケーションの誕生と進化. ＮＴＴ出版.
Naito, M., & Koyama, K. (2006). The development of false-belief understanding in Japanese children: Delay and difference? *International Journal of Behavioral Development*, 30, 290-304.
永澤道代. (1996). 母親の子ども観と養育態度の関係. 追手門学院大学心理学論集, 4, 11-21.
Newson, J. (1978). Dialogue and development. In A. Lock (Ed.), *Action, gersture, and symbol*. London: Academic Press. pp. 31-42.
O'Connor, T. G., & Hirsch, N. (1999). Intra-individual differences and relationship-specificity of mentalising in early adolescence. *Social Development*, 8, 256-274.
大神英裕. (2005). 人の乳幼児期における共同注意の発達と障害. 遠藤利彦(編). 読む目・読まれる目―視線理解の進化と発達の心理学. 東京大学出版会. pp. 157-178.

Onishi, K. H., & Baillargeon, R. (2005). Do 15-month-old infants understand false beliefs? *Science*, **308**(5719), 255-258.

Ontai, L. L., & Thompson, R. A. (2008). Attachment, parent-child discourse and theory-of-mind development. *Social Development*, **17**, 47-60.

Oppenheim, D., Goldsmith, D., & Koren-Karie, N. (2004). Maternal insightfulness and preshoolers emotion and behavior problems: Reciprocal influence in a theraputic preschool program. *Infant Mental Health Journal*, **25**, 352-367.

Oppenheim, D., & Koren-Karie, N. (2002). Mothers' insightfulness regarding their children's internal world: The capacity underlying secure child-mother relationships. *Infant Mental Health Journal*, **23**, 593-605.

Oppenheim, D., & Koren-Karie, N. (2004). *The insightfulness assessment coding manual (1. 1)*. Unpublished Manual.

Oppenheim, D., Koren-Karie, N., Dolev, S., & Yirmiya, N. (2008). Secure attachment in children with autistic spectrum disorder: The role of maternal insightfulness. *Zero to Three*, **28**, 25-30.

Oppenheim, D., Koren-Karie, N., Etzin-Carasso, A., & Sagi, A. (2005). Maternal insightfulness but not infant attachment predicts 4 year old's theory of mind. Paper presented at bienial meeting of the Society for Research in Child Development, Atlanta, Georgia.

Oppenheim, D., Koren-Karie, N., & Sagi, A. (2001). Mother's empathic understanding of their preschooler's internal experience: Relations with early attachment. *International Journal of Behavioral development*, **25**, 6-26.

小沢哲史・遠藤利彦. (2001). 養育者の観点から社会的参照を再考する. 心理学評論, **4**, 271-288.

Pederson, D., Gleason, K., Moran, G., & Bento, S. (1998). Maternal attachment representations, maternal sensitivity, and the infant-mother attachment relationship. *Developmental Psychology*, **34**, 925-933.

Perner, J. (1991). *Understanding the representational mind*. Cambridge, MA: MIT Press.

Perner, J., & Lang, B. (1999). Development of theory of mind and executive control. *Trends in Cognitive Sciences*, **3**, 337-344.

Perner, J., Ruffman, T., & Leekam, S. L. (1994). Theory of mind is contagious: You catch it from your sibs. *Child Development*, **65**, 1228-1238.

Pons, F., Harris, P. L., & de Rosnay, M. (2004). Emotion comprehension between 3 and 11 years: Developmental periods and hierarchical organization. *European Journal of Developmental Psychology*, **1**, 127-152.

Premack, D., & Woodruff, G. (1978). Does the chimpanzee have a theory of mind? *Behavioral and Brain Sciences*, **1**, 515-526.

Raikes, H. A., & Thompson, R. A. (2006). Family emotional climate, attachment security and young children's emotion knowledge in a high risk sample. *British Journal of Developmental Psychology*, **24**, 89-104.

Repacholi, B. M., & Gopnik, A. (1997). Early reasoning about desires: Evidence from 14- and 18-month-olds. *Developmental Psychology*, 33, 12-21.

Repacholi, B. M., & Slaughter, V. (2003). *Individual differences in theory of mind: Implications for typical and atypical development*. New York: Psychology Press.

Repacholi, B. M., & Trapolini, T. (2004). Attachment and preschool children's understanding of maternal versus non-maternal psychological states. *British Journal of Developmental Psychology*, 22, 395-415.

Reznick, J. (1999). Influences on maternal attribution of infant intentionality. In P. D. Zelazo, J. W. Astington, & D. R. Olson (Eds.), *Developing theories of intention: Social understanding and self-control*. Mahwah, NJ: Lawrence Erlbaum Associates. pp. 243-267.

Rogoff, B. (1990). *Apprenticeship in thinking: Cognitive development in social context*. New York: Oxford University Press.

Ruffman, T., Perner, J., Naito, M., Parkin, L., & Clements, W. A. (1998). Older (but not younger) siblings facilitate false belief understanding. *Developmental Psychology*, 34, 161-174.

Ruffman, T., Perner, J., & Parkin, L. (1999). How parental style affects false belief understanding. *Social Development*, 8, 395-411.

Ruffman, T., Slade, L., & Crowe, E. (2002). The relation between child and mothers' mental state language and theory-of-mind understanding. *Child Development*, 73, 734-751.

笹屋里絵. (1997). 表情および状況手掛りからの他者感情推測. 教育心理学研究, 45, 312-319.

Sagi, A., & Hoffman, M. L. (1976). Empathic distress in newborns. *Developmental Psychology*, 12, 175-176.

Sharp, C., Fonagy, P., & Goodyer, I. (2006). Imagining your child's mind: Psychosocial adjustment and mothers' ability to predict their children's attributional response styles. *British Journal of Developmental Psychology*, 24, 197-214.

Sharp, C., & Fonagy, C. (2008). The parent's capacity to treat the child as a psychological agent: Constructs, measures and implications for developmental psychopathology. *Social Development*, 17, 737-754.

島 義弘・小原倫子・小林邦江・上嶋菜摘. (2009). 乳児の情動状態の読み取りに関する研究―VTR刺激の開発と妥当性の検討. 名古屋大学大学院教育発達科学研究科紀要, 56, 83-89.

Shotter, J. (1974). The development of personal powers. In M. P. M. Rechards (Ed.), *The integration of a child into a social world*. London: Cambridge University Press. pp. 215-244.

Slade, A. (1987). Quality of attachment and early symbolic play. *Developmental Psychology*, 23, 78-85.

Sodian, B. (1991). The development of deception in young children. *British Journal of*

Developmental Psychology, 9, 173-188.
園田菜摘. (1999). 3歳児の欲求, 感情, 信念理解：個人差の特徴と母子相互作用との関連. 発達心理学研究, 10, 177-188.
Steele, H., Steele, M., Croft, C., & Fonagy, P. (1999). Infant-mother attachment at one year predicts children's understanding of mixed emotions at six-years. *Social Development*, 8, 161-178.
Symons, D. (2004). Mental state discourse, theory of mind, and the internalization of self-other understanding. *Developmental Review*, 24, 159-188.
Symons, D., & Clark, S. E. (2000). A longitudinal study of mother-child relationships and theory of mind in the preschool period. *Social Development*, 9, 3-23.
Tagiuri, R. (1969). Person perception. In G. Lindzey, & E. Aronson (Eds.), *The handbook of social psychology*. Reading, MA: Addison-Wesley.
竹下秀子. (2009). あおむけで他者, 自己, 物とかかわる赤ちゃん：子育ちと子育ての比較行動発達学. 発達心理学研究, 20, 29-41.
Taumoepeau, M., & Ruffman, T. (2006). Mother and infant talk about mental states relates to desire language and emotion understanding. *Child Development*, 77, 465-481.
Tomasello, M. (1995). Joint attention as social cognition. In C. Moore, & P. Dunham (Eds.), *Joint attention: Its origins and role in development*. Hillsdale, NJ: Lawrence Erlbaum Associates. pp. 93-117. (ムーア, C. ・ダナム, P. 大神英裕 (監訳) (1999). ジョイント・アテンション, ナカニシヤ出版)
Tomasello, M., & Farrar, M. J. (1986) Joint attention and early language. *Child Development*, 57(6), 1454-1463.
Tomasello, M., & Todd, J. (1983) Joint attention and lexical acquisition style. *First Language*, 4, 197-212.
東山 薫. (2007). "心の理論"の多面性の発達―Wellman & Liu尺度と誤答の分析. 教育心理学研究, 55, 359-369.
Trevarthen, C. (1988). Universal cooperative motives: How infants begin to know the language andculture of their parents. In G. Jahoda, & I. M. Lewis (Eds.), *Acquiring culture: Cross cultural study in child development*. London: Croom Helm. pp. 37-90.
Trevarthen, C., & Hubley, P. (1978). Secondary intersubjectivity: Confidence confiding and acts of meaning in the first year. In A. Lock (Ed.), *Action, gesture and symbol: The emergence of language*. London: Academic Press. pp. 183-229.
Tronick, E. Z., & Cohn, J. F. (1989). Infant-mother face-to-face interaction: Age and gender differences in coordination and the occurrence of miscoordination. *Child Development*, 60, 85-92.
辻平次郎. (1993). 自己意識と他者意識. 北大路書房.
上野一彦・撫尾知信・飯長喜一郎. (1991). PVT日本語版絵画語い検査1991年修正版. 日本文化科学社.
Vedeler, D. (1987). Infant intentionalty and the attribution of intentions to infants. *Human*

Development, 30, 1-17.
Verschueren, K., & Marcoen, A. (1999). Representation of self and socioemotional competence in kindergartners: Differential and combined effects of attachment to mother and to father. *Child Development*, 70, 183-201.
Vinden, P. G. (2001). Parenting attitudes and children's understanding of mind: A comparison of Korean American and Anglo-American families. *Cognitive Development*, 16, 793-809.
Vygotsky, L. S. (1978). *Mind in society: The development of higher psychological process*. Cambridge, MA: Harvard University Press.
Vygotsky, L. S. (1986) *Thought and language*. Cambridge, MA: MIT Press. (L. S. ヴィゴツキー. 柴田義松 (訳). (2001). 新訳版 思考と言語, 新読書社)
Walden, T., & Knieps, L. J. (1996). Reading and responding to social signals. In M. Lewis, & M. Sullivan (Eds.), *Emotional development in atypical children*. Hillsdale, NJ: Lawrence Erlbaum Associates.
Walker-Andrews, A. S., & Dickson, L. R. (1997). Infants' understanding of affect. In S. Hala (Ed.), *The development of social cognition*. West Sussex, England: Psychology Press. pp. 161-186.
Wellman, H. M. (1990). *The child's theory of mind*. MIT Press.
Wellman, H. M., Cross, D., & Watson, J. (2001). Meta-analysis of theory-of-mind development: The truth about false belief. *Child Development*, 72, 655-684.
Wellman, H. M., & Liu, D. (2004). Scaling of theory-of-mind tasks. *Child Development*, 75, 523-541.
Werner, J., & Kaplan, B. (1963). *Symbol formation*. New York: Wiley.　(H. ウェルナー・B. カプラン. 柿崎祐一(監訳). (1974). シンボルの形成——言葉と表現への有機‐発達論的アプローチ, ミネルヴァ書房)
Wimmer, H., & Perner, J. (1983). Beliefs about beliefs: Representation and constraining function of wrong beliefs in young children's understanding of deception. *Cognition*, 13, 103-128.
Wood, D., Bruner, J. S., & Ross, G. (1976). The role of tutoring in problem solving. *Journal of Child Psychology and Psychiatry*, 17, 89-100.
Woodward, A. L. (1998). Infants selectively encode the goal object of an actor's reach. *Cognition*, 69, 1-34.
やまだようこ. (1987). ことばの前のことば　ことばが生まれるすじみち1. 新曜社.
Zeedyk, M. S. (1997). Maternal interpretations of infant intentionality: Changes over the course of infant development. *British Journal of Developmental Psychology*, 15, 477-493.

事項索引

A-Z
as-if 仮説　11
Early Social Communication Scales　91
Emotional Availability　183
hyper Mind-Mindedness　181
Insightfulness　26, 39, 140, 174
　　――Assessment　142
　　――タイプ　145
　　　Disengaged（De）　144
　　　One-Sided（Os）　144
　　　Positive――（PI）　144, 150
Mind-Mindedness　26, 29, 39, 157
　　――の個人差　43
MM
　　――得点　55, 61, 113, 145, 147, 159
　　――質的グループ　56, 62, 78, 84, 97, 146, 149, 159
　　――中位群　126, 163, 165
　　――の量的豊富さ　53, 161, 163
　　過剰な――　181
　　中程度の――　121, 132, 179, 180
Reflective Function　26, 28, 39
sensitivity　25, 139, 174, 181

あ
あおむけ　3
欺き行動　15
アタッチメント　20
　　――対象　22
　　――タイプ　25
　　Aタイプ　22
　　Bタイプ　22
　　Cタイプ　22
　　――の安定性　22
　　――の世代間伝達　25
　　――安定型　22, 23
　　――回避型　22
　　――抵抗/アンビヴァレント型　22
　　――不安定型　23
アニミズム傾向　65, 67, 71, 159
安心感　20
安全感　20
安全基地　21
位置誤信念課題　125
一般語彙　171
　　――能力　169, 171
　　――の理解　131, 166, 168, 175
一般的乳児観　69
意図　10, 13, 42
　　――性　64
移動運動能力　21
意味の管理人　6
映し出し　28
影響プロセス　166, 168

か
解釈　6, 8, 28, 35
外発的微笑　5
過剰性　181
過剰な解釈　6, 38
過剰な心的帰属（hyper-mentalising）　133
家族　19
感情　10
　　――語　171
　　――理解　107, 166
　　――推測　17, 108
　　――・欲求帰属群　56, 63, 82, 90, 97, 98

206　事項索引

――理解　16, 108, 131, 162, 175
　　――能力　164
幾何学的共同注意　100
共感　4
きょうだい　19
共同注意　13, 32, 172, 176
　　――行動　88
共鳴動作　4, 11, 21, 71
空間表象の共同注意　100
空想傾向　67
言語発達　171
顕在化された心　175
語彙獲得　172
語彙月齢　129
交互的なやりとり　32, 39
心　16
　　――の帰属　36, 141
　　――の推測　176
　　――の読み取り　141
心の理論　11, 17, 41, 108
　　――課題　34
　　――の先駆体　14
誤信念　12, 125
　　――課題　12, 125
　　――理解　15, 33, 108, 124, 125, 126, 151, 162, 165, 176, 177
子どもとの接触経験　65
子どもの状態との合致　181

さ

サリー・アン課題　12, 15, 125
3項関係　8, 32
3項やりとり　32, 41, 58, 60, 62, 77, 83, 161, 166, 168
視覚　3
　　――的選好　7
思考認知帰属群　56, 63, 82
自己理解　184
視線追従　160, 161, 171
視線転換　160

質的グループ　113
シミュレーション説　18
社会経済的地位　19
社会的環境　19, 20
社会的参照　14, 16
　　――行動　14, 183
社会的微笑　5, 7
縦断研究　42, 79, 157
馴化・脱馴化パラダイム　13
情緒的絆　21
情緒的雰囲気　65, 66, 69
情動　4
　　――伝染　4, 16
触覚　3
新生児微笑　5, 7
新生児模倣　5
心的帰属の豊富さ　151
心的語彙　32, 39, 40, 43, 61, 131, 162, 164, 171, 175, 182
　　――の使用　94, 110, 115, 117
　　――の付与　168, 170
　　――の理解　94, 108, 115, 117, 175
　　――全般の理解　166
信念　10, 13, 15, 107, 162
　　――理解　15, 107, 108, 173
信頼感　20
ストレンジ・シチュエーション法　22
正確な読み取り　29, 31
精神間　9, 29, 37
精神内　9, 29, 37
生理的微笑　5, 11
選好注視法　3
潜在的心の理論　14
全般的帰属群　56, 82

た

対話的やりとり　32
他者理解　184
探索活動　22
注意　42

──追従　58, 83, 166, 168, 169
　　　　──型関わり　59, 61, 172
　　──転換　83
　　　　──型関わり　59, 62
　　──の共有　43, 172
　　　　──行動　92
　　　　──スタイル　77, 87, 160
聴覚　3
追跡調査　43, 79, 107, 109, 141, 174
適切さ　38, 183
適切な Mind-Mindedness　40, 158, 174, 178, 182
適切な読み取り　151, 173
洞察性　26
年上のきょうだい　19

な
内省機能　26
内的作業モデル　22
内的状態　54
　　──帰属低群　55, 82
　　──語　95
　　──に対する適切な言及　34, 37
　　──の帰属　31
　　──への言及　61, 77, 80, 84, 162, 170
内発的微笑　5
慰め　16
２項関係　8
２項やりとり　60, 83
日本語版絵画語い発達検査　129
乳児観　67
乳児図式　71

は
発達の最近接領域　30
非対称性　10, 184

ビデオ刺激　49
被養育経験　65
表情　16, 17
　　──認識課題　122, 127
　　──の命名　108
　　──のラベリング　17, 164, 166, 168, 169
　　──の理解　108
ふり遊び　23
文脈に基づく感情推測課題　123, 127, 128
豊富な Mind-Mindedness　40, 43, 49, 158, 174, 179, 182

ま
味覚　3
メンタライジング　13
モジュール説　17
模倣　5

や
有意味性　6
豊かな帰属　31
指差し　14
　　視野外の──　92, 93
　　視野内の──　92
　　──の産出　91
　　──理解　88, 98, 163, 175
養育行動の適切さ　182
欲求　13, 15, 42
　　──の理解　15, 108, 115, 165, 173, 177

ら
ラベリング課題　122, 127
量的豊富さ　38, 183
理論説　18

人名索引

A
Adamson, L. B. 6-9, 11, 37, 41, 49, 57, 65, 71, 98
Ainsworth, M. D. S. 22, 24-26, 28, 174
Akhtar, N. 172
Arnott, B. 72
Astington, J. W. 18, 19

B
Baillargeon, R. 15, 16, 125
Baird, G. 176
Bakeman, R. 7-9, 49
Baron-Cohen, S. 13, 18, 176
Bartsch, K. 15, 16, 18, 108
Batki, A. 27
Beardsall, L. 107
Beegly, M. 15, 16
Bell, S. M. 22
Belsky, J. 23
Bento, S. 25
Bernier, A. 131, 132, 174-181
Berridge, D. M. 19
Biringen, Z. 183
Blehar, M. C. 22
Block, J. 91
Bnerjee, M. 17
Boone, R. T. 17
Bowlby, J. 20-22, 65

Boyatzis, C. J. 9
Bretherton, I. 14, 15, 17, 101
Brown, J. 19, 107
Brown, J. R. 54, 80
Bruner, J. 7-10, 160, 172
Butterworth, G. 14, 88, 91, 97, 100

C
Campos, J. J. 87
Carlson, S. 18
Charman, A. 23
Charman, T. 176
Clark Ⅲ, R. D. 4
Clark, S. E. 27
Clark-Carter, D. 24, 27
Claussen, A. H. 25
Clements, W. A. 19
Cohn, J. F. 120
Cole, K. 19
Condon, S. M. 4
Corkum, V. 98
Cox, A. 176
Crittenden, P. M. 25
Croft, C. 24
Cross, D. 12
Crowe, E. 32, 107, 162
Cunningham, J. G. 17
Cutting, A. L. 19, 32

D
Das Gupta, M. 26, 27

de Rosnay, M. 17, 108
de Villiers, J. G. 18
de Villiers, P. A. 18
De Wolff, M. S. 25
Delgado, C. 91
Denham, S. 17, 122
Desrochers, S. 91
Dickson, L. R. 16
Doehring, P. 91
Dolev, S. 27, 151
Dozier, M. 179-181
Drew, A. 176
Dunham, F. 172
Dunham, P. 172
Dunn, J. 15, 16, 18, 19, 32, 42, 54, 80, 101, 107, 108

E
Easterbrooks, M. 65
江上由美子 66
Elicker, J. 23
Emde, R. N. 5, 7
遠藤利彦 14, 16, 21, 66, 98
Endress, A. D. 15
Englund, M. 23
Estes, D. 18
Etzion-Carasso, A. 27

F
Fantz, R. 3
Farrar, M. J. 172
Feldman, R. 64

Fernyhough, C.   24, 26, 27, 30, 32, 33, 72
Flavell, J. H.   18
Fogel, A.   65
Fonagy, P.   23-29, 39, 120, 133, 181, 184
Fradley, E.   26, 27
Freeman, N. H.   19
Futo, J.   27

G
Gaenbauer, T. J.   5
Gergely, G.   24, 27, 133
Gleason, K.   25
Godfield, E. C.   9
Goldberg, A.   65
Goldsmith, D.   140
Goodyer, I.   120
Gopnik, A.   15, 18, 115, 119
Gouin Decarie, T.   88
Grossmann, K.   23
Grossmann, K. E.   23
Gurduque, L.   23

H
Halberstadt, A.   66
Harding, C.   10, 40
Harlow, H. F.   21
Harlow, M. K.   21
Harmon, R. J.   5
Harris, P. L.   17, 18, 23, 24, 108
Harrist, A. W.   98
Hay, D. F.   4
He, Z.   16
Heider, F.   10
Hirsch, N.   13
Hodapp, R. M.   9
Hoffman, M. L.   4

Hogan, A.   91
Holmes, J.   21
Hrncir, E.   23
Hubley, P.   9

I
飯長喜一郎   129
井上忠典   67
Isabella, R. A.   139
Itakura, S.   15

J
Jarrett, N.   14, 89, 97, 100
Jenkins, J.   18, 19

K
Kanakogi, Y.   15
Kaplan, B.   160, 172
笠井 仁   67
Kaye, K.   6, 10, 11, 31, 37, 41
数井みゆき   21
Kendrick, C.   16
Kermoian, R.   87
Knieps, L. J.   183
小林邦江   70
Koos, O.   27
Koren-Karie, N.   26, 27, 140, 142, 151
Kovács, Á. M.   15, 125
Koyama, K.   15, 177
子安増生   11, 12
Kyriakidou, C.   19

L
Laible, D. J.   23, 131, 162
Lang, B.   18
Laranjoa, J.   131, 132
Leekam, S. L.   19, 72

Leslie, A. M.   18, 23
Leung, E. H. L.   14
Lewis, C.   19
Lewis, M.   17
Liu, D.   15, 108, 115, 119, 126, 132, 165
Lok, S. M.   151
Lorenz, K.   71

M
Mandell, D.   18
Marcoen, A.   23
Maridaki-Kassotaki, K.   19
Martin, G. B.   4
松永あけみ   54, 94-96, 117
McArthur, D.   98
McMahon, C. A.   151
Meins, E.   23, 24, 26, 27, 29, 30, 32-41, 57, 58, 72, 73, 77, 78, 87, 88, 102, 108, 120, 125, 126, 131, 133, 134, 139, 140, 151, 153, 157, 158, 164, 165, 173-175, 177, 178, 180-182
Melson, G. F.   65
Melzoff, A. N.   4, 14
Messer, D. J.   14
Miller, G. A.   10
Mitchell, P.   19
Moore, C.   98
Moore, M. K.   4
Moran, G.   25
Moriguchi, Y.   15
森野美央   42, 108
Morissette, P.   88, 89, 91
Mundy, P.   91, 100
Munn, P.   101

Murphy, C. M.   14
明和政子   4

N
永澤道代   67
Naito, M.   15, 19, 177
Nash, A.   4
Newson, J.   10

O
小原倫子   70
O'Connor, T. G.   13
荻野美佐子   54, 94, 117
Okumura, Y.   15
Onishi, K. H.   15, 16, 125
Ontai, L. L.   27
大神英裕   88
Oppenheim, D.   26, 27, 39, 41, 139–142, 151, 153
小沢哲史   14, 16, 98

P
Parkin, L.   19, 20
Pederson, D.   25
Pederson, J.   4
Perner, J.   12, 18–20, 23, 125
Piaget, J.   148
Pons, F.   17, 108, 122, 127
Premack, D.   11

R
Raikes, H. A.   27
Redferm, S.   23
Repacholi, B. M.   15, 18, 24, 115, 119
Reznick, J.   49, 51, 57
Reznick, J. S.   64
Rheinggold, H. L.   14

Ricard, M.   91
Richard, M.   88
Rogoff, B.   10
Ross, G.   8
Ruffman, T.   19, 20, 32, 107, 131, 132, 162
Russell, J.   24

S
Sagi, A.   4
斉藤こずゑ   54, 94, 117
Sander, W. L.   4
笹屋里絵   17, 108
Scott, R.   16
Seibert, J.   91
Sharp, C.   120, 184
Sher, E.   27
島 義弘   70
Shotter, J.   10
Slade, A.   23, 32, 107, 162
Slaughter, V.   18, 24
Slomkowski, C.   19
Smith, C. B.   49
Sodian, B.   15
園田菜摘   177, 178
Sroufe, L. A.   23
Stayton, D. J.   22
Steele, H.   24
Steele, M.   24
鈴木さゆり   66
Swettenham, J.   176
Symons, D.   27, 32, 101, 177

T
Tagiuri, R.   10
竹下秀子   3
Target, M.   24, 26, 133
Taumoepeau, M.   131,
132, 162
Téglás, E.   15
Tesla, C.   19
Thompson, R. A.   23, 27
Todd, J.   172
Tomasello, M.   14, 172
東山 薫   15
Trevarthen, C.   6, 9
Tronick, E. Z.   120
辻平次郎   67
Tuckey, M.   26, 27
Turner, M.   72

U
上野一彦   129
上嶋菜摘   70
撫尾知信   129

V
van Izendoorn, M. H.   25
Vedelaer, D.   7
Venizia, M.   91
Verschueren, K.   23
Vinden, P. G.   20
Vygotsky, L. S.   9, 29, 30, 37, 180

W
Wainwright, R.   26, 27
Walden, T.   183
Walker-Andrews, A. S.   16
Wall, S.   22
Walters, A. S.   49
Waters, E.   22
Watson, J.   12
Waugh, R. M.   98
Wellman, H. M.   12, 15, 16, 108, 115, 119, 126, 132, 165, 176

Werner, J. 160, 172	Woodward, A. L. 13	Youngblade, L. 19
Williams, L. 18		
Wimmer, H. 12, 125	**Y**	**Z**
Wood, D. 8	やまだようこ 8, 98	Zeedyk, M. S. 64
Woodruff, G. 11	Yirmiya, N. 151	Zumbahlen, M. R. 87

【執筆者紹介】

篠原郁子（しのはら・いくこ）
愛知淑徳大学心理学部講師
京都大学大学院教育学研究科博士課程修了
京都大学博士（教育学）
主著に，『発達科学ハンドブック 5　社会・文化に生きる人間』（分担執筆，新曜社，2012），『発達心理学』（分担執筆，学文社，2008），『アタッチメント障害とその治療―理論から実践へ―』（分担翻訳，誠信書房，2008），「乳児を持つ母親における mind-mindedness 測定方法の開発―母子相互作用との関連を含めて―」（心理学研究，77 (3)，2006），など。

心を紡ぐ心
親による乳児の心の想像と心を理解する子どもの発達

2013年2月20日　初版第1刷発行　　定価はカヴァーに表示してあります

著　者　篠原郁子
発行者　中西健夫
発行所　株式会社ナカニシヤ出版
〒606-8161　京都市左京区一乗寺木ノ本町15番地
　　　　　　Telephone　075-723-0111
　　　　　　Facsimile　075-723-0095
　　　　　　Website　http://www.nakanishiya.co.jp/
　　　　　　E-mail　iihon-ippai@nakanishiya.co.jp
　　　　　　郵便振替　01030-0-13128

装幀＝白沢　正／印刷・製本＝西濃印刷㈱
Printed in Japan.
Copyright © 2013 by I. Shinohara
ISBN978-4-7795-0715-1

本書のコピー，スキャン，デジタル化等の無断複製は著作権法上での例外を除き禁じられています。本書を代行業者等の第三者に依頼してスキャンやデジタル化することはたとえ個人や家庭内の利用であっても著作権法上認められておりません。